戦後沖縄の人権史

沖縄人権協会半世紀の歩み

沖縄人権協会編著

高文研

❖——はじめに

人権こそ宝——沖縄の自由・人権に思う

福地曠昭

沖縄は一九四五年の米軍との地上戦で壊滅状態となって多くの人命が失われた。辛うじて生き残った人びとにとって、戦後の沖縄は人権の恩恵から程遠いものだった。沖縄に人権はなかった。日本本土は間接占領だったが、沖縄は米軍の直接支配であり、布告・布令（米施政権下の法令）による過酷な占領時代を強いられた。一九五七年にようやく米国の大統領行政命令が沖縄での最高法規とされた。日米両国の憲法の谷間におかれた沖縄は、「憲法不在の地」といわれた。

軍事優先の政治の下で、米軍政は沖縄の人びとの民政を第一義的に配慮するなど望むべくもなかった。沖縄は法治国とは縁遠い軍事植民地であり、人命軽視の差別社会となり、おまけに新たな戦争への踏み台とされた。朝鮮戦争もベトナム戦争も沖縄なしには遂行できなかった。沖縄には「戦後」は訪れなかったのである。

一九七二年の祖国復帰（施政権返還）によって、民族分断が終わりを告げ、ようやく平和や人権や生命尊重主義の日本国憲法下に入るとともに、二七年にわたる占領支配からの解放をもたらす「復帰」を期待した。しかし、これがまったくの幻想に過ぎないことを知るのにさほど時間を要しなかった。米軍の施政下で県民の自由、人権は無視されたが、復帰後も居座り続ける米軍基地は強化され、日本政府はこれに加担、協力する始末であった。そして沖縄からベトナムやイラクの戦場へと米軍機が飛び、多くの人命を奪ってきた。

二〇一二年は、沖縄が日本に復帰して四〇年になる。沖縄における人権侵害の発生源は軍事基地と差別政策にあるといっていいが、この二つの元凶は今もって消えていない。米軍支配下では、日本本土への旅行にも携帯させられたパスポート（発行者、発行時期、行き先などで、身分証明書、旅行証明書やその他多様な名称の渡航文書があったが、それらをパスポートと呼んだ）は必要なくなったものの、基地から派生する米軍の凶悪犯罪や爆音、環境破壊など四〇年たっても未解決のままである。とくに「日米同盟」の下で県民の人権状況は改善されていない。

数かずの圧政と差別に対し、沖縄県民の不満と怒りが爆発したことがあった。復帰直前、一九七一年のコザ騒動がそうだったし、一九九五年の少女暴行事件に端を発した「基地縮小・日米地位協定の改定」を要求する八万五千人余の県民総決起大会、さらに強制集団死（いわゆる「集団自決」）の史実を消し去る歴史教科書検定意見の撤回を求める一一万人余の県民大会（二〇〇七年）などである。

しかし、沖縄は依然として深刻な状況下に放置されている。

二〇一一年三月一一日の東日本大震災と福島原発事故により、社会状況が一変した。沖縄の軍事基地と原発を比べてみると、国策と国家意思により危険なものを都会でなく地方や辺境に押しつける点ではまったく共通している。しかし相違しているところもある。原発が安全神話と経済的利益によって誘致されたのに対し、米軍基地は民意を押さえ込み、「銃剣とブルドーザー」で強制接収して作られたということである。

さらに米軍は、この大災害を奇貨として、核による有事を想定し、普天間基地の米兵を被災地に派遣して、救援を装った軍事訓練をしたという。これを「トモダチ作戦」と呼び、米軍と日本側との調整役に、先般、沖縄差別発言で失脚したはずのケビン・メア元米国務省日本部長を充てるという無神経さであった。加えて、この異常事態下で、政府は、米軍への「思いやり予算」を向こう五年分、約一兆円の支出を前倒しで約束までした。

また最近、とくに先島《さきしま》（宮古、八重山諸島）が揺れている。八重山における児童生徒の教科書採択問題のもつ意味は無視できない。この国の侵略戦争の罪責を覆い隠し、沖縄戦の真実から目をそらし、再び国のために戦う愛国心教育。そのような意図をもつ教科書が、巧妙に学校現場へ持ち込まれようとしている。同時に政府（防衛省）には、外敵を作って脅威をあおり、敵視政策へ誘導しつつ、先島諸島をねらって自衛隊配備を画策する動きもある。教科書問題はこれと連動する。わが憲法下の教育は、偏狭なナショナリストではなく、平和な国家と社会の形成者を育成するという使命を与えられていることを再確認したい。

そして嘉手納《かでな》基地周辺住民による第三次の嘉手納爆音訴訟が、二〇一一年四月二八日に提起された。原告団二万二〇五八人、国内最大規模の裁判で、嘉手納町民の実に三人に一人が原告である。この訴訟は、殺人的な騒音とのやむにやまれぬ闘いであり、「静かな夜を返せ」という主張は人間として最低限の叫びである。

私たちは、憲法と両立しない日米安保条約、日米地位協定に強く反対してきた。とくに地位協定では、米軍人や軍属の引き起こす犯罪については、「公務中」とされた場合には一次裁判権は米軍側（米国）にあって日本にはない。そのことの誤りを強く主張し、行動を続けてきたが、日米両政府はまったく聞く耳をもたない。「公務中」か否かの判断が実にいい加減なため、結局、米軍人軍属による犯罪の多くは野放し状態である。

たとえば二〇一一年一月に、一九歳の沖縄の青年の運転する車輛に米軍属の車輛が正面衝突、青年は死亡した。軍属の一方的なミスによる死亡事故だったにもかかわらず、米軍は「公務中」と発表し、那覇地方検察庁は裁判権がないとして不起訴処分にした。納得できない遺族が那覇検察審査会に審査請求をしたところ、同審査会は起訴すべきとする正当な見解を出した。一一月二五日、那覇地方検察庁は、この軍属を自動車運転過失致死罪で起訴、そして初回公判にこぎつけた。沖縄県民の怒りが裁判権を勝ち取ったといえる。しかし、これで楽観が許されるほど事態は甘くない。

思い出すのも嫌な出来事はさらに続く。二〇一一年一一月二八日に、田中聡沖縄防衛局長が新聞記者らとの懇談の場で、記者から普天間飛行場の移転先とされる辺野古《へのこ》の環境影響評価書をいつ出すかと問われたのに対し、「(女性を)犯す前から、『これから犯しますよ』というか」と答えたという。この発言は女性を蔑視している上、沖縄の人びとを侮辱したとして世論の激しい反発を招いた。この発言により、米軍基地政策に関して沖縄へ向けられてきた日本政府の意識を見せつけられて、沖縄県民の怒りは爆発した。

文明国の常識に照らす限り、世界一危険な普天間飛行場の存在は許されないはずだ。辺野古移設という名の新基地建設などあり得ない。それでも牙をむき出して襲いかかる猛獣のように、強権発動で目的を達成しようというのであろうか。かつて命がけで抵抗した住民に対し米軍が、「銃剣とブルドーザー」で土地を取り上げたあの悪夢が甦る。仮に力ずくで完成しても、沖縄県民の怒りと敵意に囲まれた基地であり続けるであろう。

日本政府は県民の声など聞こえぬかのように、辺野古の環境影響評価書を開庁時間外の午前四時に届けるという、姑息な方法で県へ「提出」した。そしてその内容たるや「アセスの名に値しない非科学的な記述の連続」(琉球新報二〇一二年一月九日社説)と評されている。

こうしたなりふり構わぬ対応の連鎖が、沖縄の人権にとって最大の「脅威」は、米軍基地であり、日本政府であるということを全県民はもとより、全国民、全世界に知らせることになろう。

なお、一九六一年に発足した沖縄人権協会の名称に、「県」は入っていない。「琉球」は避けたい、また「県」ではなかった、日本自由人権協会の支部でもない、国際的な団体・国際人権連盟（本部・ニューヨーク）とリンクを希望しつつ、決めたものである。

本書は、沖縄人権協会の創立五〇周年を記念して企画された。本書を通して、一人でも多くの読者が沖縄の過去と現在における人権状況に目を向け、なぜ沖縄が怒り、基地を拒否するのか、沖縄が何を求めているのか、沖縄問題の原点が何かなどに関心をもち続けてほしいと、切に願っている。

福地　曠昭【ふくち・ひろあき】：一九三一年生まれ、沖縄人権協会理事長。青山学院大学中退、元沖縄県教職員組合委員長。著書『基地と人権』（同時代社）ほか。

もくじ

第Ⅱ章　沖縄人権協会の草創期
——一九六一年から七一年

第Ⅲ章　沖縄返還と人権の新しい展開
――一九七二年から七九年……高良鉄美

第V章　一九九〇年代の人権問題の諸相　……　永吉　盛元

第Ⅵ章　21世紀にも続く人権問題
——一九九九年から現在まで　永吉　盛元

＊本書掲載の写真、資料類は断りのあるものを除いて沖縄人権協会所蔵のものである

装丁：クリエイティブ・コンセプト　根本 眞一

序章

人権から見る普天間問題

——高良　鉄美

世界一危険といわれる、市街地に近い普天間飛行場

❖普天間問題の視点

普天間問題といわれるが、それはいったい何だろう。一般的な説明としては、普天間問題とは、普天間基地（正式には飛行場）が宜野湾《ぎのわん》市民にとって危険であり、日米両政府が「返還」を発表しながら、いまだ返還されていないという問題と、県内移設を条件として強引に日米間で移設先を名護市辺野古に決めて手続きを進めている問題の、二つが含まれているものをさしているであろう。

しかし、普天間問題は、宜野湾市や辺野古の問題だけでは決してない。戦後六十余年にわたる米軍基地の重圧が、沖縄住民の人権を蹂躙《じゅうりん》してきた歴史の中に織り込まれてきた典型的な沖縄問題そのものなのである。そしてそれは、沖縄という地域に対する日米政府の姿勢の問題であり、沖縄住民の人間としての尊厳をどのように扱ってきたかという問題なのである。

国内政治に大きく関連し、さらには日米関係、アジア地域の安全保障まで関係してくる問題ともいわれている。しかしながら、日米外交の視点や地政学的な視点で捉えるのではなく、人権という視点から捉えて、はじめて普天間問題の本質が見えてくるといえる。普天間問題は、日本国民の問題ではなく、沖縄と米軍の関係の問題であるかのようにすり替えられ、日本政府も国民も傍観者の目で見ているのではないか。普天間問題は人権とは無関係であるかのような取り上げ方自体が、普天間問題、ひいては沖縄問題を理解する座標が間違っているように思われる。

したがって、根本的な解決に向かって取り組んでいるのではなく、綱渡りの収拾を図っている形にしかなっていない。そもそも普天間問題が単なる政治的決着や落とし所といった解決方法で行く問題なのか、それとも、きちんと人権問題として日本の国政のあり方に関わる問題なのか、これだけでも座標には相当なズレが生じているのである。

✣ヨクシはユクシ

人権という視点を持たない限り、第二、第三の普天間問題を生み出すだけで、日本の憲政そのものが衰退するのではないかと危惧する。普天間問題は、一国の総理大臣（鳩山氏当時）が就任一年も持たずに辞任劇を演じた要因の一つにも数えられた。普天間基地の危険性（人権侵害性）をなくすことが、普天間返還の原点であったのだが、首相が個別に地域を訪れ、受け入れを要請しては反対されて、仕方がないので元の地域の住民に我慢してくださいといい、浪花節的責任をとって辞任をした。元首相はその際、在沖米軍海兵隊の「抑止力」を強調したが、軍事専門家からも、切り込み隊である海兵隊が抑止力を持つのではないと、失笑をかった。沖縄ではこのことを「ユクシ（沖縄語で「うそ」の意）」力と呼んでいた。

後継の菅前首相は元首相の心意気を汲んで、職を賭して行った決断に再度理解をお願いしますと訴えて、政治の重要問題からはずそうとした。さらにその後を受けた三代目（野田首相）はまったく県外・国外移設などを訴えずに、米国の言いなりに辺野古移設を繰り返し強調するだけの二匹目のドジョウになっている。なぜ、沖縄住民の人権や諸権利（人間の尊厳）が侵害されるということを米国に突きつけないのであろうか。憲法で保障されている基本的人権が、自国の利益のためなら、ある特定の地域住民について侵害されていることが明らかであるにもかかわらず、人身御供《ひとみごくう》のように差し出そうとする国家は憲法を持つ国とは呼べない。沖縄はなぜ「平和憲法の下への復帰」をスローガンに、あれほど激しく強固な復帰運動を展開してきたのか。憲法、人権の視点から、普天間問題を見てみると、この問題の本質がまさに沖縄問題の縮図となって浮き彫りになってくるといってよい。

❖憲法の外におかれた沖縄

戦後、ＧＨＱによる間接統治が行われていた状況下では、日本国憲法こそが政府、国民の重要な拠り所になるはずであった。まだ日本の主権が回復していない状態であったにせよ、国の最高法規である日本国憲法が存在したのであり、憲法に沿った政治を基本的にめざすべきであった。主権者国民が代表を選出して、基本的人権を尊重する国政に生まれ変わり、司法を含む権力全体が各権力行使の際に平和主義を徹底して採る。こういうことが基本的に予定されていたはずである。

沖縄ではいち早く、一九四五年九月に男女平等の市議会議員選挙、市長選挙が実施された。米軍の主導で行われたものではあったが、住民が選挙権を得たということは、後々自治意識や主権者意識の発露として沖縄の政治運動を強めることとなり、後の米国民政府の任命制であった行政主席の公選を要求した住民運動などは、まさに主権者意識の求めるデモクラシーの力であった。この力を署名運動や県民総決起大会などで直接的に発揮しようとしたのである。サンフランシスコ講和条約（対日平和条約）三条で沖縄が日本本土と分離されるのだが、分離反対を訴えた沖縄住民の思いは有権者の七二％の署名を集めたほどであった。

しかし、その声は届かず、一九五一年九月八日、講和条約が調印され、同時に旧日米安保条約（日本国とアメリカ合衆国との間の安全保障条約）も調印された。翌五二年四月二八日、講和条約と安保条約が同時発効し、沖縄は米国の施政権下に入ることとなった。この日四・二八は日本本土では主権を回復した良き日なのであるが、沖縄では「屈辱の日」と呼ぶ。以後毎年四・二八には「沖縄デー」として祖国復帰を求める集会や行進などが行われた。

住民運動のスローガンには「平和憲法の下で日本国民としての諸権利の回復」「日本国憲法の適用を勝ち取ろう」「安保条約破棄」などがよく掲げられた。復帰運動は単に祖国復帰を求めたものではなく、人権擁護、反戦平和、自治権拡大、民主主義擁護を求めたものだったのである。これらは日本国憲法の基本原理であり、だからこそ「平和憲法の下への復帰」なのである。

これに対して、本土側は憲法に保障される人権の平等な適用に触れつつも、「古くから日本の固有な領土であった」「血は水よりも濃く、同胞を日本に連れ戻したい」「親を慕う子どもの心のごときもの」などの表現が散見された。この点、冒頭に触れたように、「沖縄問題を理解する座標が間違っていた」のである。

日本国の領土内の問題として政府が交渉した合意事項であると捉えて、普天間代替施設の辺野古移設を強行しようとしているのが日本政府であり、一方、人権や平和主義、地方自治の問題として捉えているのが沖縄県民の県内移設反対なのである。憲法、人権の視点から普天間問題を考える重要性はここにある。

❖憲法原理はご都合主義でよいのか―自己決定権の剥奪

沖縄の国政参加は、復帰に先立つ一九七〇年一一月の国会議員選挙に始まった。国政参加に関する特別措置法によるものであるが、沖縄住民の国政参加の希望を汲んだものではあった。すでにその前年一一月に佐藤・ニクソン会談で沖縄復帰が合意されており、一年半後には日本国民となるのであるから、国民主権原理に基づく「国権の最高機関」への代表選出と考えてもおかしくはなかった。しかし、この国政参加がはたして国民主権概念に基づき、日本国民と同等の状態で参政権が認められたのかどうかについては疑問が残る。というのも、憲法九五条に規定された地方自治特別法による住民投票の件では、沖縄の住民は憲法の外におかれたからである。

憲法九五条は、一つの地方公共団体にのみ適用される法律（地方自治特別法）については、たとえ国会が可決したものであろうと、当該地方公共団体の住民投票において過半数の賛成を得なければ、法的効力を認めない旨を定める。ところが日本政府は、国政選挙の件では沖縄住民を主権者のように扱い、米軍基地維持のために都合が悪くなると憲法の外におくという手法を採った。

「沖縄における公用地等の暫定使用に関する法律」（いわゆる公用地法、米軍用地をひきつづき強制使用するための法律、一九七二年五月一日施行）は法律名からわかるように、沖縄という一地方にのみ適用される法律であり、本来ならばまさに憲法九五条に定める住民投票が必要な地方自治特別法であった。しかし、沖縄はまだ復帰しておらず、憲法上の地方公共団体には当たらないとして、住民投票は行われなかった。

沖縄の住民投票を実施すれば圧倒的に同法律に反対の結果が出て、公用地＝米軍用地が確保できないという理由から、「沖縄県」ではなく、わざわざ「沖縄」にしたのであり、そして、この法律は復帰後即座に沖縄「県」に適用された。二週間後には沖縄は憲法上の地方公共団体になることが明らかで、沖縄県民は国民主権の担い手になるのであり、憲法九五条の住民投票を行う権利を享有するはずであった。沖縄返還協定調印前の国政参加前倒しとは異なり、復帰直前であったにもかかわらず、政府の恣《し》意《い》的な解釈によって、憲法の国民主権原理から沖縄住民が排除され、参政権を剥奪された状態になっていたのである。

本来四月一日の復帰を求めていたが、米国が沖縄の核撤去に間に合わないという理由で、五月一五日になったことが二〇一一年一二月の報道で明らかになった。しかし、公用地法の施行日が復帰直前に決定されたことを考えれば日程的には、それを利用した日本政府による沖縄住民への差別的取り扱いといえる。

公用地法は五年の時限立法であった。しかし、公用地法による米軍基地の使用期限が切れた後、またもや県民の意思を問うことなく、（利益を与えるので）住民投票を要しない「沖縄県の区域内における位置境界不明地域内の各筆の土地の位置境界の明確化等に関する特別措置法」いわゆる地籍明確化法を制定し、その付則において公用地法を五年延長した。憲法上の地方公共団体になったにもかかわらず、憲法九五条を適用させないために、またしても、いわば小手先の法的技術による沖縄住民の憲法からの排除、参政権の実質的剥奪を行ったのである。

一九八二年で期限切れとなる地籍明確化法による公用地法の再々延長はなかったが、一九五二年の旧安保条約に伴う法律で、安保改定とともに一九六〇年に改定されて以降適用例がなかったほど眠っていたいわゆる駐留軍用地特措法が、二一年ぶりに沖縄の米軍用地に適用されたのである。以後ずっとこの法律は沖縄にのみ適用されている。形式的にはともかく、実質的には一地方公共団体のみに適用される法律である。

復帰以来、前述の米軍用地関連法について本来住民投票を行うべきであったが、憲法の国民主権原理からはずされた県民の意思は、一九九六年九月八日の全国初で唯一の県レベルの住民投票となった沖縄県民投票で表れた。その結果、沖縄の「米軍基地の整理縮小と地位協定の改定」を求める声が投票者の圧倒的多数を占めた。こんなにわれわれの人権を侵害している基地を早くどけてくれ！　これが基地問題に対する沖縄住民の長年の声なのである。

❖普天間基地と市民生活

沖縄の米軍基地には、①旧日本軍の基地を拡張したもの、②住民が難民収容所にいる間に米軍が勝手に造ったもの、③講和条約後、米軍が強権を発動して土地を取り上げ、建設したもの——の三種類がある。

普天間基地は②の分類に入り、沖縄戦の初期段階（一九四五年四月）に米軍が宜野湾地域を占領し、建設したものである。戦後、住民が難民収容所などから故郷に戻ると以前の農村地域ではなく、そこには普天間飛行場が建設されていたという状況で、行き場のない住民は基地周辺に住んだりした。滑走路拡張やナイキ基地建設、一部軍用地返還など何度か基地形態の変容があって、現在に至っている。基地面積のほとんどが国有地で占められている本土の米軍基地の場合と大きく異なり、この形成過程で分かるように、普天間基地面積に占める民有地の割合は実に九二%に達している。

普天間基地の特徴は、前述のような基地形成過程から、住宅地に取り囲まれており、ドーナツ型になっていることである。したがって、離着陸する軍用機などは必ず住宅街上空を飛行する。パイロットの顔が見えるといわれるほどの超低空飛行は決して大げさではなく、騒音被害、電波障害など、市民生活に大きな支障をきたしている。住民は、飛行の差し止めや騒音被害に対する損害賠償を求めて普天間爆音訴訟を提起している。

また、普天間基地は宜野湾市の面積の約四分の一を占め、市民サービスや都市計画など自治体行政の面でも支障を生じさせている。たとえば、消防行政の場合、基地の向こう側で発生した火事現場に向かうために時間がかかるため、基地を囲むように消防本部と出張所が計三カ所設置されている。また、宜野湾市の場合、基地対策課と基地渉外課を設け、基地関連問題に対処しているが、基地のない自治体の場合これらの人員を市民サービスに向けられるのであり、マンパワーでもハンデを強いられている。市民生活という面でも、住民の行政サービスを受ける権利が侵害されているといえよう。

❖基本的人権尊重の眼

一九九五年、戦後五〇年を迎えた沖縄では、六月に「平和の礎」が完成し、平和への誓いを新たにしていた。ところが、その直後の九月には米兵三名による少女暴行事件が発生し、沖縄県民の怒りは頂点に達した。ちょうどその四〇年前の九月にも米兵による幼女暴行殺害事件が起こっており、米軍基地を押しつけられたままで、幼い子どもの人権まで蹂躙された状況が四〇年間変わっていなかったと強く感じたからである。同月、大田昌秀知事（当時）が米軍用地の強制使用手続きにある代理署名を拒否したため、政府は職務執行命令訴訟手続きを開始した。裁判では沖縄における米軍基地による半世紀に及ぶ重圧と人権侵害を被告県側が強く訴え、原告国側がまるで加害被告のように防戦一方であった。

一九九六年三月、福岡高裁那覇支部判決は国側を勝訴とした。知事は上告したが、その間、米軍基地の重圧に抵抗する県民の気持ちを代弁する知事の主張は圧倒的な支持を得て、県内各地で裁判に対する集会やシンポジウムが開催された。また、沖縄の基地問題は県内だけでなく、日本全国や海外にも注目された。

このような状況下において、一九九六年四月、橋本首相とモンデール駐日米国大使は「普天間基地の五ないし七年以内の返還」を発表した。当初この発表を聞いた沖縄県民は、普天間基地の危険性が除去されると大歓迎した。ところがこの発表には、県内移設という条件が付いていた。東京都の約半分の面積しかない沖縄本島のどこに移設をしても、危険性の除去という点では解決されるものではない。県内移設は、先述した基地形成の歴史の中で新たな四種類目の基地形成パターンを生み出すことにもなる。

あの「五ないし七年以内」の普天間返還発表から一六年が経った。この発表は普天間基地の危険性除去ということに主眼を置いたはずである。いわば、日常的な平和的生存権侵害からの解放だったはずである。住宅地域の真ん中にある普天間基地では実際に基地周辺で事故が起こっており、具体的な危険性が認識されてきた。復帰後も、沖縄国際大学建築現場への米軍機燃料タンク落下（一九七二年）や米軍機普天間基地内墜落（一九八〇年）、米軍ヘリの普天間第二小学校付近滑走路での墜落（一九八二年）、米軍ヘリ普天間基地内墜落炎上（一九九四年）など事故を重ねてきた。

二〇〇三年一一月、ラムズフェルド米国防長官が来沖し、空から普天間基地を視察した際に「事故が起きない方が奇跡だ」とコメントしたほど、普天間基地の危険性は強く認識されている。そのような中で、二〇〇四年八月一三日、沖縄国際大学構内に米軍ヘリが墜落し、爆発炎上する事故が発生した。事故当時は九六年のあの「五ないし七年以内」の返還発表から八年が経過しており、危険性を放置した責任は重い。何よりも基本的人権を保障するために企図された返還が、基本的人権の重要性を認識せず、現在も実現されていないのである。

ちなみに、米国本土では、軍用飛行場が普天間基地のような住宅地に建設されることは法的に許されず、危険区域には畜舎などが建設できるだけである。普天間基地周辺住民の人権は、アメリカの法律に照らせば「家畜」並みに扱われているダブルスタンダードであり、「差別」であって、この状態を許すようでは、日本国憲法が泣く。

本来、憲法の基本原理に則って国政が行われるならば、沖縄県民の基本的人権がきちんと保護される方向で、普天間問題の解決に向けて最大の力を傾倒すべきはずである。このような政府の行為を国民が仕方がないと是認しているとすると、日本国民も人権侵害の一役を担い、平和憲法をないがしろにしているように見える、いや、沖縄住民はそう受け止めだしている。人権尊重の視点をもたない限り、普天間問題、ひいては沖縄問題の解決はありえない。そのことは沖縄の戦後人権侵害の歴史が語っているといってよい。

❖人権協会創立五〇年目の普天間問題

「沖縄の人は日本政府に対するごまかしとゆすりをかける名人だ」と、二〇一〇年末にケビン・メア前米国沖縄総領事が発言していたことが、二〇一一年三月になって判明して、沖縄県内で物議をかもした。

同氏は、普天間に関しても問題発言をしている。同氏の著書『決断できない日本』(文春新書)で、「普天間基地の近くには小学校もあり、宜野湾市の伊波前市長はいつも小学校が危ないと心配していました。日本政府も放置できず、この小学校を移転させようとしました。ところが、驚くべきことに移転に一番反対していたのは伊波氏でした。はっきり言って、彼はこの小学校の危険性を政治的に利用していました」と述べている。

しかしこの記述はまったく根拠のないもので、米軍や日本政府が、普天間第二小学校を移転させようとした事実は存在しない。むしろ、同小学校が現在地に設置された際に、運動場が狭いため、普天間基地の一部返還が予定されていたのである。墜落の危険性や騒音など、劣悪な教育環境を憂慮した宜野湾市は、キャンプ瑞慶覧《ずけらん》への移転要請、用地取得補助要請を行ったが、日本政府はできない旨の回答をしていた。したがって、日本政府の方が普天間基地の危険性を、宜野湾市が訴えるまで、深刻にとらえて憂慮したことはない。だから、日本政府が積極的に同小学校移転を検討しているという話がマスコミに大きく報じられたこともない。一九九六年の普天間返還の日米共同声明は、小学校移転の問題など触れずに普天間基地の危険性の除去をいっているのであって、それとも矛盾する。

いかにも心配して、改善に向けた努力をしているのに妨害されたかのような言い分であるが、メア氏のこの発言は、沖縄を完全に植民地視して、去るべきは住民や学校であるとしており、住民の人権を尊重するのではなく、それよりも普天間基地の方が重要であるとする考えの表われである。沖縄の米軍基地形成期に重ねた数かずの人権侵害の歴史を、まったく考慮しておらず、米軍の存在こそが、最優先すべきもののような認識に立っている。人権という視点の欠如がなせる米軍絶対論を展開していることが明らかで、人権を侵害している側が撤退する必要は微塵もないとの姿勢が見え隠れしている（なお、伊波洋一氏は、二〇一一年一〇月ケビン・メア氏を名誉棄損で那覇地裁に刑事告訴した）。

似たような視点は日本政府内でも見うけられる。辺野古周辺海域における普天間飛行場代替施設建設の環境影響評価のための評価書提出をめぐり、「はじめに」で触れたように、田中聡沖縄防衛局長が、「犯す前に言うか」との発言があった。同氏は更迭されたが、沖縄県内の怒りは収まらなかった。普天間問題で、地域には何の自己決定権も与えず、普天間地域も、辺野古地域も翻弄されている中で、まさに力ずくで最後は人権を侵してまでも、強引に推し進めようとする姿勢が、そのまま言葉になったといってよい。それはまた、人権の視点を欠いたまま沖縄問題への対処を繰り返してきた日本政府のこれまでの所為と、完全にオーバーラップしたのである。

このように普天間問題は、日米両政府が、沖縄住民の人間としての尊厳をどれほど侵害してきたか、ということが本質である。そして沖縄における人権問題の解決に向けて、必死に歩んできた沖縄人権協会の五〇年は、普天間問題と同じ軌跡であり、沖縄問題の本流に横たわる問題を訴え続けてきた足跡でもある。

二〇一一年一二月、沖縄県議会は普天間基地の辺野古移設に反対し、環境影響評価書提出を断念するよう政府に求める意見書を、全会一致で可決した。この意見書に賛同するアピール文が、稲嶺恵一前知事、大田昌秀元知事など超党派で発表され、県議会意見書に関して「これ以上の基地建設は認められないという県民の声を代表する」と評価している。普天間基地の辺野古移設反対は「オール沖縄」の方向に向かっている。

高良　鉄美【たから・てつみ】：一九五四年生まれ、琉球大学法科大学院教授。九州大学法学部、同大学院博士（単位取得退学）、専攻は憲法学。著書『沖縄からみた平和憲法』（未来社）『群読・日本国憲法』（監修、高文研）『僕が帽子をかぶった理由』（クリエイティブ21）ほか。

序章コラム❶

◆嘉手納基地と普天間基地

弁護士　永吉　盛元

■嘉手納基地

極東最大の空軍基地・嘉手納基地は、攻撃から補給まですべての軍事機能が集約されたもので、米軍はこの基地はそう簡単には手離さないのではないか。

一九六八年一一月には離陸直前のB52が爆発炎上した。この事故を機にB52撤去の大闘争が全県に及んだ。事故はその後も起こり、F15戦闘機が私たちの記憶にあるだけでも八機は墜落している。

嘉手納基地は約一九八六ヘクタールの広さで、普天間基地の四倍である。一七・四キロの外周で旧日本国軍が急ごしらえで作ったもので、それを米軍が接収したもの。三六八九メートルの滑走路が二本、その幅約八〇メートル、空軍が主であるが、海軍、海兵隊、陸軍も使用する。

この基地の飛行機離発着時に直下にあたる北谷町砂辺での爆音は、うるささの指数で九〇以上である。普通の市民生活はまったく成り立たない。ここでは人間としての生活はできないとして、自分の住家を捨てて他に引越して行った住民も多い。そのあとを爆音対策と言って、国が買い上げている。このような土地（敷地）は空地のまま。それを国有地として国が管理している土地は、約二二〇カ所にも達している。

一九八七年六月二一日、嘉手納基地を包囲する大行動が二万五千人によって起こされた。包囲行動は二〇〇〇年の沖縄サミットの時も実行され、二〇〇七年にも行われた。基地撤去を求める沖縄の人びとの強い意思表示である。

■普天間基地

人口約九万三〇〇〇人の宜野湾市、その真中に居座る世界一危険な米軍普天間飛行場。その面積は四八〇ヘクタールで市の面積の二四・四%、宜野湾市を上空から見れば飛行場の周囲に住宅地がへばりつき、危険と隣り合わせに市民が暮らすという街の形態だ。

普天間基地は、正しくは米海兵隊普天間航空基地と呼ぶ。米軍は沖縄戦上陸後、日本本土への進撃のため、B29重爆撃機用の基地として建設したのがこの普天間基地のスタートである。

在日米海兵隊は米国海兵隊のなかで、海外で基地を有する唯一のもので、普天間基地には海兵隊のヘリ部隊が常駐している。米軍にとって沖縄の基地で嘉手納基地とならぶ重要な基地である。長さ二八〇〇メートル、幅四六メートルの滑走路。飛行場のなかに宜野湾市が存在しているようなものだ。ヘリが急降下する訓練が実施されるので、はじめてその光景を目にする人はヘリが墜落したのではないかと思うほどだ。

この飛行場は周辺に住宅や公共施設があるため、アメリカ本国では使用が許されない、危険な軍事施設に該当するといわれている。沖縄だから許されるという不適格な軍事施設である。沖縄の人びとの生存権が奪われているのだ。本土復帰後、二〇〇七年までの間に墜落事故は四二件に及ぶ。年間の離着陸回数は四万五千回以上で、旋回や上空通過を加えると六万五千回を超える。

序章コラム❷

◆辺野古新基地 環境アセスメント

弁護士　加藤　裕

環境影響評価手続（環境アセス）は、大規模事業を行う前に、事業者が環境影響を調査し、環境保全策を示すことを義務づけたもの。環境アセスは、調査計画（「方法書」）立案時と、環境調査後の報告書案（「準備書」）作成時に、市民に公開して意見を求めて民主的に進めるとともに、科学的なチェックをしようという手続だ。

防衛省は、二〇一一年末、辺野古新基地計画のアセス最終報告書である「評価書」を沖縄県に提出したが、オスプレイ配備計画を評価書作成まで隠し続けたことが大問題になった。ジュゴンの調査も杜撰で、辺野古でジュゴンを見つけなかったから大丈夫、というだけの非科学的な内容だった。沖縄県知事は、評価書に対して、辺野古の環境保全は「不可能」と厳しい意見を防衛省に提出した。

第Ⅰ章
沖縄人権協会設立以前
＝戦後から1960年まで

——永吉 盛元

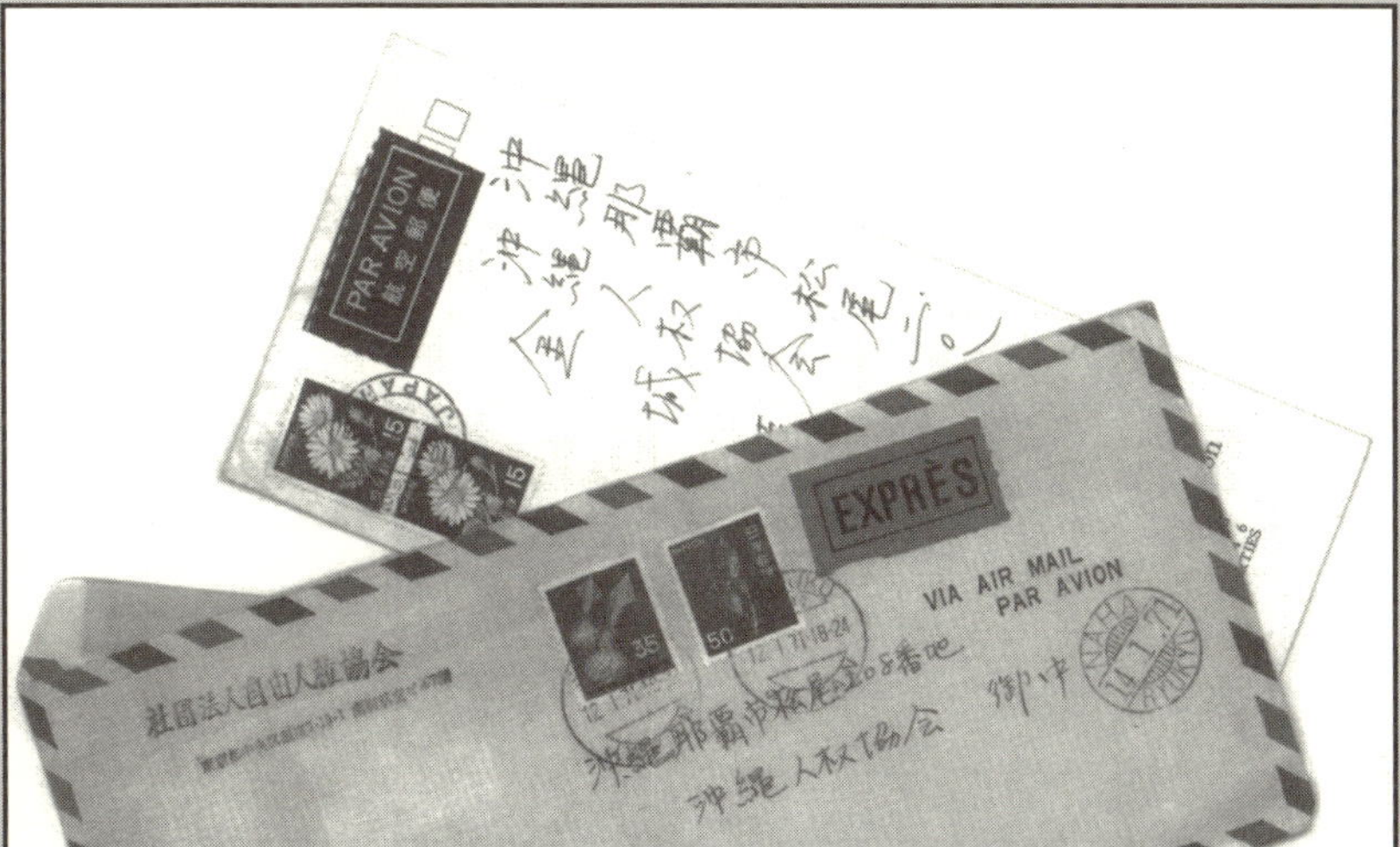

復帰前の「本土」からの郵便は外国扱いの航空便！

沖縄人権協会が誕生したのは一九六一年四月である。それ以前の沖縄の人権状況を明らかにするため、沖縄戦の終結、対日講和条約と切り離された沖縄の地位、銃剣とブルドーザーによる土地接収、土地を守る四原則貫徹と島ぐるみ闘争、沖縄県祖国復帰協議会の闘い、一九五九年の宮森小学校へのジェット機墜落の大惨事など、一九六〇年までの動きをかけ足で記しておく。

1　沖縄戦の終結から講和条約へ

❖沖縄戦の終結

「醜さの極致」といわれた沖縄戦が終わりに近づいた一九四五年六月、壕や山中に隠れていた住民は、米軍が作った収容所に集められていた。ほとんどの住民が病人、負傷者であり、栄養失調状態であった。力尽きて死んで行く者が、各収容所で絶えなかった。米軍からコメや缶詰が配給されたが、その量が少なく食料を探して収容所の外に出て射殺された。また米兵に婦女子が暴行を受ける事件が多発した。

収容所から元の居住地に戻って、「行動の自由」が認められたのは一九四七年三月からであった。

米軍は占領政策を実行するため、沖縄の人々のための「政府」をつくらせた。最初にできたのが沖縄諮《し》詢《じゅん》会（一九四五年一一月）、そして沖縄民政府、群島政府、琉球臨時中央政府となった。一九五二年四月に琉球政府が生まれた。

一方、米軍側の統治機関は戦時中の海軍政府（ニミッツ布告）から陸軍政府にかわり、五〇年一二月に琉球列島米国民政府（ＵＳＣＡＲ＝ユースカー）の名称となった。この米軍政の長である民政長官は五七年六月から高等弁務官と呼ばれるようになる。高等弁務官は琉球列島における絶大な権限を有し、沖縄における皇帝、独裁者として振る舞った。

❖沖縄での降伏調印式

一九四五年九月二日、東京湾の米戦艦ミズーリ号上でアメリカ軍のマッカーサー元帥、ニミッツ大将に対して、重光葵《まもる》外務大臣、大本営《だいほんえい》の参謀総長が天皇及び日本政府、大本営を代表して降伏文書に署名した。参加した連合国はアメリカを含め九カ国である。

それから五日後の九月七日、沖縄・嘉手納の米第一〇軍司令部で沖縄戦の降伏文書への調印式が行われているが、その時、参加した国はアメリカと日本だけであった。第三二軍の司令官・牛島満《みつる》中将は自決していたので、宮古駐在の納見敏郎中将が立ち会い、調印している。九月二日の調印にはアメリカを含む九カ国が参加しているのに、嘉手納での降伏調印にはアメリカのみであった。その時点で、沖縄はすでにアメリカ単独の統治下に置かれていたということであろうか。

❖天皇メッセージ

一九四七年九月、沖縄が半永久的に米軍の占領下におかれるべきとする内容の「天皇メッセージ」が、アメリカに向け極秘裏に発せられる。対日講和条約の第三条は、この方向で進められ、苛酷な米軍支配の法的枠組みが用意された。

私たち沖縄の住民がそのことを知ったのは、三〇年以上も過ぎた一九七九年四月のことである（雑誌『世界』一九七九年四月号進藤榮一筑波大学教授論文、琉球新報一九七九年四月一一日）。アメリカ側の資料から発見された。半世紀にわたる租借を認めるこの天皇メッセージに対しては、激しい憤りと失望と批判が起こった。二七年にわたるアメリカの直接支配を許した責任追及を、そして沖縄が平和の島に回復されない限り、このメッセージに対する批判をやめてはならない、との声となって。

このメッセージが天皇自身の考えだったのか、あるいは側近の米国への見解表明だったのか判然としないといわれるが、沖縄の人びとの意思を踏みにじったことに何ら変わりはない。一九五二年四月に発効した対日講和条約の第三条で、日本が独立を回復したのに対して沖縄は引き続き米国の施政下に置かれた。しかし「天皇メッセージ」が実現したわけである。

この経過は最近アメリカの研究者、たとえばマサチューセッツ工科大学のジョン・ダワー教授などの関心を引くところとなっている。

❖米軍支配下の人権

日本本土では一九四七年五月三日、平和と人権を守る新憲法が施行されたが、沖縄では米軍の支配下にあって人びとの生活と権利を守る術がなかった。私たちは自らの力で自由と人権を獲得し、そして守るために立ち上がらなければならなかった。現実には、米兵による事件、事故がひんぱんに起き、そのたびに民間団体が事件の調査と抗議に立ち上がった。しかし、米軍の壁は厚く、継続的な取り組みはきわめて困難だった。

本土への渡航の自由はなかった。高等弁務官に渡航申請すると、その理由（補助申請書）の提示が強要され、本土での交友関係、行動日程とその内容などの報告が求められる。これは思想調査である。米軍にとって好ましからざる者の渡航は拒否される。そのために布告、布令が乱発される。

言論出版に関しては、一九四八年に「うるま新報」の池宮城《いけみやぐすく》秀意《しゅうい》氏が理由も告げられずに米軍当局から逮捕・留置されたり（沖縄人権協会二〇周年記念誌のエッセイ「新聞に対する弾圧―一つのエピソード」参照）、学校の先生たちの作ったごく普通の「愛唱歌集」が、違反文書として回収された。人民党の機関紙「人民」が好ましからざる出版物として、発行停止となる（一九五〇年九月）など、言論・出版の自由もなかった。

✣日本復帰促進期成会の結成

一九五〇年になって、沖縄における米軍の基地建設が本格化する。一九四九年一〇月、中華人民共和国が誕生、五〇年六月に朝鮮戦争が勃発した。米軍機が嘉手納基地から朝鮮へ向け出撃した。米国は平和条約締結を日本に求めた。そのころ、沖縄の人びとの中には沖縄は「独立」すべきとする声もあったが、それは少数であって、多くは平和憲法の本土への復帰を渇望していた。

一九五一年四月に「日本復帰促進期成会」が結成され、四月から六月にかけて復帰を求める署名活動を実施し、全有権者の七二％の賛成を得ている。沖縄群島議会も復帰促進の決議を行い、日米両政府に対し強い要望行動をとっている。

しかし、前述のように日米両政府は沖縄の人びとの声を無視し、沖縄、小笠原諸島を中心に北緯二九度以南を日本から切り離して米国の施政下に置く（第三条）、講和条約を締結した。この講和条約について吉田首相は、「和解と信頼の講和」と称した。

講和条約は一九五二年四月二八日に発効したが、沖縄の人びとはこの日を、「屈辱の日」としてとらえた。その後、沖縄の人びとの自治の要求は高まり、講和条約の発効を機に、復帰運動は拡大していった。一九五三年一月一八日、沖縄教職員会が中心となり、青年連合会、婦人連合会、ＰＴＡ連合会などが参加して「沖縄諸島復帰期成会」が結成された。沖縄の実情を訴えるための代表団を全国各地に派遣し、国民の支援を求める運動を展開した。

2　土地闘争から復帰協・人権協会誕生まで

❖銃剣とブルドーザー

一九五三年四月一一日早朝、真和志村《まわし》（現那覇市）銘苅《めかる》の住民の土地が、突然あらわれた米軍のブルドーザーとトラクターによって敷きならされ、住民は立ち退きを命ぜられた。基地建設のため米軍が発布した布令第一〇九号「土地収用令」による実力行使である。小禄村《おろく》（現那覇市）具志《ぐし》でも同様のことが起きた。一五〇〇人の住民が抗議をしたが、米兵の暴力と突きつけられた銃剣により退去させられた。県内各地で新規土地接収が起き、五五年三月、宜野湾村（現宜野湾市）伊佐浜《いさはま》、伊江村《いえそん》（伊江島）の真謝《まじゃ》でも銃剣とブルドーザーによる暴力的な土地の接収が行われた。このような米軍の横暴な土地接収に対する反対運動は、次に述べる四原則闘争と合流して、県民による「島ぐるみ闘争」に発展する。

❖四原則貫徹闘争

これより先、五二年四月の講和条約発効後、米国民政府（米軍）はさらに基地拡大のため、新たな土地接収の必要から布令九一号「契約権」を発布し、地主との新たな借地契約を交わそうとした。その内容は、契約期間を二〇年の長期とし、年間の賃料はコカコーラが一本も買えない低額（当時コカコーラ一本がB円［米軍が沖縄で発行していた軍票］で一〇円［日本円で三〇円］。契約された賃料は、坪当たり年間B円一円八銭）にすぎなかった。あまりにもひどい内容であったため、契約を交わした地主は全体の二%にも達しなかった。

そこで米軍は土地確保のために一九五三年四月三日、布令一〇九号「土地収用令」を発布し、地主の同意が得られなくとも強制的に接収が可能になるようにした。米軍は有無を言わさず、住民の土地の強奪に突き進んできたのである。銃剣とブルドーザーだけでなく一個中隊の装甲車、機関砲、着剣カービン銃で武装した兵隊、催涙ガス、MP（米軍憲兵）、CIC（諜報機関）の動員である。住む家、土地を失った住民は生活の場を求めて引っ越し、中には南米ブラジルやアルゼンチンに移民する者も出た。

五三年五月五日、立法院（県議会）は布令「土地収用令」の撤廃を決議し、各市町村にもその対策委員会が設置されるなど、抗議行動が広がった。

五四年四月三〇日、立法院は「土地を守る四原則」を採択する。その四原則とは、①新規の土地接収に反対、②地主に対する損害賠償、③適正補償、④賃料の一括払いに反対という内容である。以後、この四原則貫徹が島ぐるみ闘争のスローガンとなった。

日本本土においても五五年一月一三日付の朝日新聞で「米軍の沖縄民政を衝く」が大きく報道され、米軍の横暴と沖縄住民の惨状が報じられた。その一方でアイゼンハワー米大統領は琉球列島の「無期限占領」を表明する。それに対する住民の怒りは爆発に近いものがあり、そういう状況下にアメリカ議会はメルヴィン・プライス氏を団長とする沖縄調査団を派遣してきた。その調査の結果、発表されたのが「プライス勧告」である。

ところがその勧告の内容は、米国の極東戦略のために沖縄の基地は必要であり、そのための土地接収は当然だとして、住民の求める四原則を完全に無視したものであった。そのうえ、核兵器の沖縄への持ち込みさえ必要だ、と指摘していた。

住民の反発はますます大きくなり、「島ぐるみ」の土地闘争へと発展した。沖縄各地で住民の抗議大会が開催され、本土でも沖縄問題解決のための総決起大会が開催されている。五六年七月二八日、那覇高校のグラウンドを会場とした大会には十数万人が集まった。当時の沖縄の人口は六〇万だから、その四分の一が参加したことになる。

❖石川・宮森小学校ジェット機墜落事件

那覇高校の大集会後の一九五九年六月三〇日午後一時四〇分、嘉手納飛行場を飛び立った米軍ジェット戦闘機が、石川市六区五班、同八班（現うるま市の石川松島区）の宮森小学校に墜落した。一瞬のうちに児童一一名、近隣の住民七名の命が奪われた。ほかに二一〇名以上ともいわれる重軽傷者を生んだ（事故から一七年後の一九七六年、当時の児童のひとりが事故の後遺症で亡くなっている）。

県民の四人に一人が犠牲となった沖縄戦。その地獄の戦場をのがれ、やっと平穏な時を過ごしていた人たちをまたも襲った戦闘機による殺戮。

「ああ、この悪惨事、ゆきて帰らぬ子どもたち……あなたたちはもう永久にかえらない……私は悲しくてたまらない……」（宮森小学校・仲嶺盛文校長の手帳から）

ラジオの臨時ニュースを聞いた琉球大学の学生A君は、友人と共に宮森小学校へと向かった。「校庭は阿鼻叫喚地獄のようだった。黒焦げになった子どもたちの焼死体があった。この子たちの苦しみとかなしみを一生忘れるものか、と心に誓った」

これがA君の平和運動の原点であり、出発点となる。

この事件に対する県民の怒りが、沖縄県祖国復帰協議会（一九六〇年）、沖縄人権協会（一九六一年）の結成へとつながることになる。

米軍はいつも事故の原因を一切明らかにしない。事故から四〇年目の一九九九年に、琉球朝日放送（QAB）が米軍の資料からこの事故の原因を知ることができた。事故の原因は米軍機の整備不良だった。嘉手納基地を離陸して一〇分後の事故だった。それまで事故の原因は「エンジン故障による不可抗力」とされていたが、整備不良、離陸時のパイロットの技術責任、飛行前の点検不良が事故の原因であった。二〇〇四年八月一三日の宜野湾市の沖縄国際大学に墜落したヘリの事故と同じように、初歩的なミスといえる整備不良である。

事故現場で取材活動をしていた新聞記者が撮影したフィルムは、米軍によって強制的に抜き取られている。取材妨害である。沖国大でのヘリ事故のときも取材活動や県警の捜査活動が阻止、妨害されている。

一九五九年には一二月にも、イノシシと間違われた農夫が米海兵隊員に射殺される痛ましい事件が発生、住民の怒りを増幅した。

こうして沖縄の陸と海だけでなく空も米軍の支配下におかれ、六〇年以上も米軍機の事故と爆音の恐怖にさらされつづけている。

❖「復帰協」誕生

一九六〇年六月一九日には、「沖縄県祖国復帰協議会（復帰協）」が結成された。沖縄教職員会、沖縄県青年団協議会、沖縄官公庁労働組合、沖縄社会大衆党、日本社会党沖縄県連、沖縄人民党、教育長協会、PTA連合会などの一七団体でスタートし、その後、五〇団体以上の大きな組織となる。反戦平和、人権の尊重、対日平和条約三条撤廃、民族独立を運動方針とし、全県民的な復帰運動の抗議体として誕生した。五三年一月一八日にできた「沖縄諸島復帰期成会」が消滅し、発展したものである。

六〇年六月一九日、日米新安保条約の自然承認の日のためアイゼンハワー米大統領は東京に向かったが、怒りに燃えたデモに阻まれ、その目的を達成することができず、急きょ、沖縄の嘉手納飛行場に舞い降りた。しかしここでも大統領を出迎えたのは、沖縄県祖国復帰協議会の抗議デモであった。大統領は沖縄での目的を達することもできず、そのまま韓国へ向け、那覇空港を飛び立つしかなかった。

❖沖縄人権協会設立へ

一九五九年八月一八日、国際人権連盟議長兼アメリカ自由人権協会顧問のロジャー・ボールドウィン氏が来島し、沖縄における人権活動とその擁護のための組織の必要性を説き、沖縄人権協会の設立に大きな力を与えた。

その時、伊江島で土地取り上げに対する闘いを続けていた阿波根《あはごん》昌鴻《しょうこう》さんが、ボールドウィン氏に面会に来た。阿波根さんは「米軍は一九五五年三月一一日未明、完全武装した三〇〇名余りの軍隊を伊江島に上陸させてきて、『この島は米軍が血を流して日本軍よりぶん取った島だ。君たちは何の権利もない。イエスでもノーでも立ち退かなければならない』と暴言したあと、手を合わせて嘆願する農民に暴行を加え、荒縄でしばり、その上から毛布で巻きつけて金網の中に豚のように放りこんだ」と述べた上で、「日米両政府はわしらの家を焼き、農民を縛り上げ、土地を取り上げて、核戦争の準備をしておりますが、これを止める方法がありましたら教えてください」と尋ねた。

阿波根さんは何か特別な答えを期待していた。しかしボールドウィン氏の答えは、「みんなが反対すればやめさせられる」であった。阿波根さんは「そのとおりだ」と納得し、自分の土地を基地に使わせないために闘いを続け、反戦のための運動を続ける大きな支えとなったと語っている（阿波根昌鴻『命こそ宝—沖縄反戦の心』岩波新書）。

阿波根昌鴻さんとボールドウィン氏とのこの沖縄での出会いが、沖縄人権協会の誕生の直前にあったことを私たちは記憶にとどめたいものだ。

金武《きん》村（現金武町）で五五歳の農夫がイノシシと間違えられて拳銃で射殺されたイノシシ事件、三和《みわ》村（現糸満市）の海岸でアダンの葉の繊維をとっていた七三歳の農夫が小鳥と間違えられて拳銃で撃たれた小鳥事件など、ひどい事件が発生しても、それに抗議し、救済する公的組織がなかった。

当時の琉球政府は米国民政府の下に存在するものだから、動くことができない。民間の団体が立ち上がらざるを得なかった。沖縄教職員会、婦人連合会、市町村会、沖青協、ＰＴＡ連合会などの八団体（環境浄化八団体と称していた）が、不十分ながら運動の中心となって抗議行動を行っていた。

特殊飲食店が並ぶ特飲街などで働かされたり、身売り、前借金に縛られて苦しんでいる女性たちの救済にもあたらなければならなかった。妻子を置き去りにして本国に帰ってしまう米兵が多く、放置された妻子には保護の手段がない状況であった。

医療設備のない沖縄の結核療養者のために、本土の厚生省から援助の申し入れがあっても、米国民政府はそれを拒否することが多かった。本土への就職のために渡航することも、容易なことではなかった。

人権擁護の公的機関がなく、民間の中に自らの力で人権を擁護していく組織を作るしかなかった。このような状況の中から一九六一年四月、沖縄人権協会は誕生した。しかし米国の施政権下でその基地権力との激しい戦いの中で生まれたこの人権擁護の運動体は、さらなる発展強化を求められた。

【参考文献】
・萩野芳夫著『沖縄における人権の抑圧と発展』（成文堂）
・瀬長亀次郎序・沖縄問題調査会著『水攻めの沖縄』（青木書店）
・琉球新報編『戦後をたどる・アメリカ世からヤマトの世へ』（琉球新報社）
・歴史教育者協議会編著『知っておきたい沖縄』（青木書店）
・ジョン・W・ダワー著（明田川融訳）『昭和―戦争と平和の日本』（みすず書房）
・タカシ・フジタニ論文「ライシャワー元米国大使の傀儡天皇制構想」（『世界』二〇〇〇年三月号）

永吉　盛元【ながよし・せいげん】：一九三八年生まれ、弁護士。琉球大学法文学部卒業、沖縄人権協会事務局長。

第Ⅰ章コラム❶

◆瀬長那覇市長追放事件

瀬長亀次郎・次女　内村　千尋

米軍統治下の沖縄では、今では考えられない人権侵害がまかり通っていた。その象徴的な人物として私の父・瀬長亀次郎は語り継がれている。

一九五〇年代の「銃剣とブルドーザー」による土地取り上げなど、米軍の理不尽な政策に真っ向から反対して行動していた沖縄人民党と瀬長亀次郎に対し、大弾圧の嵐がふきあれた。いわゆる「人民党事件」（一九五四年）で党員、支持者ら四〇人余が逮捕、投獄された。亀次郎は軍事裁判にかけられ、弁護士もつけられず、二年の刑を受けて投獄された。

出獄したのが五六年四月、県内では米軍の土地取り上げに反対する「四原則貫徹」の闘いが高まり、県内各地で抗議集会が取り組まれていた。最終的には那覇高校で十数万余の県民大会が開催され、その中で亀次郎ほか四人が本土派遣代表として選出された。亀次郎は八月二日から四〇日間、東京で労働組合や各政党を回り、衆議院でも参考人陳述をした。また長崎での「第二回原水爆禁止世界大会」でも沖縄の現状を訴えた。

本土滞在中、亀次郎には公安警察の尾行がついていた。その時の報告文書を沖縄県公文書館で見つけた。亀次郎が共産党関係者に会った日のことが、詳細に報告されていた。これは父の日記に記された行動とぴったり符合するものだった。

この尾行には「ある目的」があったことが、米国立公文書館の解禁文書で判明した。それは米民政府の依頼を受け、極東陸軍に対し上京中の亀次郎を訴追するための情報提供を求めていた。

「ＵＳＣＡＲ（米国民政府、通称ユースカー）は、人民党書記長・瀬長亀次郎に対して法的措置を検討中である。瀬長が日本本土で行った演説のうち、沖縄の治安を覆す、または損なう内容のものを報告するよう求める。とりわけ、証人による裏付け証言の得られる演説を求む」

九月一七日の報告は、「ＣＩＣ（アメリカ陸軍防諜部隊）諜報員で本土滞在中の瀬長の演説を実際に聴いた者はいない」とされている。これにより出獄したばかりの亀次郎を再投獄する情報を集めていたことが判明した。

この四〇日間、各地で沖縄の現状を訴えていた亀次郎の影響力の大きさに危険を感じた米軍は、その後一一年間亀次郎にパスポートを発給せず、一六回にわたる申請を拒否した。この件は沖縄人権協会でも重要な問題として取り組まれた。

本土から戻って三カ月後、那覇市長選挙に立候補し、当選する。米軍が統治する県都の那覇で「赤い市長誕生」のニュースは、全国、海外へも配信された。

米軍の衝撃がどれほど大きいものであったかは、歴史を経て今、アメリカの解禁文書で知ることができる。

「我々が民主主義のショーケースにしようとした琉球は、共産主義のショーケースとなろう。米軍がとれる選択肢は、瀬長を市長として認めるか、布令を発令して市長就任を防ぐか、追放するしかない」

当選間違いないという段階で、すでに追放する方法が検討されていたことに驚いた。さらに就任してから、「那覇市長室と人民党本部に盗聴器を取り付ける計画が進行中」（五七年三月二〇日米陸軍参謀本部諜報課捜査記録庫文書［ＩＲＲ文書］より）。まるでスパイ映画を見るような状況下で瀬長市政は頑張っていたのである。

米軍の「補助金打ち切り」「那覇市の銀行預金凍結」など、さまざまな圧力に抗して、市民が熱烈に支持した。全国から五千通余の激励の手紙が届き、瀬長市長はひるむことなく仕事をこなしていく。万策つきた米軍はとうとう布令を発令して、就任一一カ月で追放した。しかも二度と立候補ができないように、被選挙権も奪ったのである。

民主的に投票で選ばれた市長を米軍が一片の布令で追放したニュースは、世界中に配信され批判を浴びることになり、その後の米軍の沖縄統治政策に影響を与えたといわれている。

なお一九六一年四月四日の沖縄人権協会設立総会には亀次郎も出席し、その時の思いを日記に書き残している（第Ⅱ章五七頁参照）。

【参考文献】
『瀬長亀次郎日記　第Ⅱ部那覇市長』（琉球新報社）

第Ⅰ章コラム❷

◆琉大事件

高良　鉄美

琉大事件とは、米軍統治下の沖縄において琉球大学の学生処分をめぐって、米国民政府の圧力により、大学の自治、学問の自由等が侵害されたのではないかということから、大きな問題となった出来事である。

琉大事件には一九五三年に起こった第一次琉大事件と一九五六年に起こった第二次琉大事件の二つがあるが、いずれも五〇年代の平和運動や、米軍による軍用地強制接収に反対する住民運動への学生参加が問題となったことから、大きな視点に立つと、沖縄住民（学生を含む）と米軍支配（琉球大学の管理運営にも関与）との対局構図が浮かんでくる。

当時米国は中華人民共和国の誕生、朝鮮戦争の勃発などの極東情勢の変化から、沖縄の恒久基地化を進めていた。いわゆる銃剣とブルドーザーで土地の強制接収を行い、さらに軍用地料の一括払いを発表した。これに対して各地で反対運動が起き、立法院でも、①一括払い反対、②適正補償、③損害賠償、④新規接収反対という「土地を守る四原則」を決議した。やがて反対運動が拡大し、島ぐるみ運動となった。

第一次琉大事件では、学生らが大学で機関誌を発行したこと、学生寮において灯火管制に従わなかったこと、大学の許可を得ないで原爆展を開催したこと――が処分理由であった。その結果、四人の学生が退学処分となった。

一九五〇年創立の琉球大学は、「布令大学」といわれるように、沖縄で初めての高等教育機関として米国民政府の布令によって設置されたもので、当時は、まだ草創期であった。また、布令大学であるがゆえに、当時の琉球大学の管理運営は、米国民政府民政副長官の監督承認の下で理事会が行うようになっていた。

問題となった機関誌は、「自由」という名前だった。政治的な内容も含んでいたが、大学が学生準則を定める前に発行されたので、違反というようなものではなかった。機関誌発行の禁止は、まさしく表現の自由、出版の自由、また学問の自由(研究発表の自由)の侵害ともいえるもので、当時米軍統治下においては、平和憲法が適用されなかったという面で、基本的人権が保障されていなかったことを表している。

灯火管制に従わなかったことは、米軍統治への抵抗と言え、平和主義と抵抗権の表れであって、根本的に守られるべき人権である。

原爆展は、大学外で開催されており、大学の許可云々の問題ではなく、表現の自由に属するものであって、保障されるべき精神的自由である。

メーデー参加の際、学生らが大学の謹慎処分を批判したことが、退学処分に発展した。

第二次琉大事件では、一九五六年七月に十数万人を超える人びとが参加をした「土地を守る四原則貫徹県民大会」が那覇市で開催された際に、当時琉球大学があった首里《しゅり》から学生らがデモ行進をしたことが発端となった。

琉球大学学生会はデモについて事前に大学及び警察から許可は得ていたが、行進の際に「四原則貫徹」などのほかに、「ヤンキー・ゴー・ホーム」と叫んでいた。

八月になって、米国民政府の関係する琉球基金財団が琉球大学への財政援助打ち切りを通告してきた。理由は、反米デモに参加し、「ヤンキー・ゴー・ホーム」と言ったこと、琉球大学当局が学生に対し、懲戒処分などを行わなかったことであった。

琉球大学は翌日には数名の学生を謹慎処分にしたが、米国民政府は生ぬるいとして強硬な姿勢で臨んだため、ついに琉球大学理事会と学長は学生六人を除籍処分に、一人を謹慎処分にした。

第二次事件で問題となったのは、日本国憲法二三条で保障する学問の自由、大学の自治の侵害である。財政援助打ち切りを含めた米国民政府の圧力で、琉球大学当局は退学処分にしたということから、処分を受けた学生らの名誉回復を求める声がずっと学内外でくすぶっていたが、五〇年後の二〇〇六年、大学当局は詳細な調査・検証の後、ついに非を認め、処分学生らに対し、名誉回復がなされた。

一方、第一次琉大事件の処分学生には、依然何らの名誉回復もされないままである。

第Ⅰ章コラム③

◆伊佐浜土地闘争

元高校教師　前原　穂積

一九五〇年の春、当時の米軍政府派遣留学生として「渡日」した私は、日本大学文学部社会学科を卒業して、五四年の春に帰郷した。私たち日留（日本留学。米国留学は米留と呼んでいた）学生の管理は五二年発足の琉球政府に移されたから、私の就職先は琉球政府が指定すると思っていた。だが私の留学中の学生運動が災いしてか、採用決定通知はなかなか来ず、理由も不明のまま待たされ、しびれをきらして高校教師になる道も選択肢に加え、社会科関係に空席のある高校を探した。

しかし那覇市内にはすでになく、五四年五月一〇日に、やっと当時の宜野湾《ぎのわん》村にあった野嵩《のだけ》高校（現普天間高校）に一般社会と時事問題の教師として採用してもらった。

五二年四月二八日に、日米の戦争状態を終結させる平和条約が発効し、日本は一応独立を回復したが、米国の沖縄に対する占領統治は、七二年五月まで維持継続された。やむなく沖縄県民は、占領反対、祖国への施政権返還を叫んで祖国復帰運動に突入せざるをえなかった。しかしながら、米軍の土地強奪政策はますます凶暴になり、その攻撃はとりわけ頑強に抵抗する伊江《いえ》島と、宜野湾の伊佐浜《いさはま》に集中した。

伊江島の真謝《まじゃ》、西崎両部落に対して米軍が演習用地として接収すると通告したのは、五三年七月一九日であった。宜野湾村伊佐には、五四年八月三日付で田畑一三万坪の接収と民家三二戸の立ち退きを通告した。伊江島でも伊佐浜でも住民は米軍の土地接収に対して強い反対の意思を示し、伊佐浜では米軍の測量用に打ち込まれた杭を抜き捨てたり、ダンプカーを追い返すなど、体を張って接収を阻止する決意もみせていた。

伊佐浜は沖縄でも有名な稲作地帯であった。この水田約一一万坪と畑約二万坪を奪われれば、伊佐部落の八一戸、喜友名《きゆな》部落約一〇〇戸、安仁屋と新城の両部落を加えた約二〇〇戸の人びとが土地を失い、生きる道を断たれることになる。

米軍が提示した立ち退き補償額に伊佐浜の女性たちが憤慨して反対を主張、五五年一月三一日に女性二十数人が、琉球政府の与儀達敏副主席に対して土地の取り上げを止めさせるよう陳情した。その翌日、二月一日にライカム（在琉米軍司令部）に四〇人余が押し掛け、米軍当局者に対して中止を訴えた。二月三日には水田に砂を入れようとしたダンプカーを追い返すなど、闘いは熾烈になった。

こうして伊江島と伊佐浜で住民の頑強な抵抗にあった米軍は、ついに五五年三月一一日、武力をもって両村の住民に襲いかかり、家屋をブルドーザーで押し潰し、土地を強奪した。

伊佐浜では、三月一一日午前八時ころ、米軍の重機が稲の植え付けも済んだ水田に入り込み、掘り返し始めたので、非常鐘で百数十人の住民が現場に押し掛け、重機の前に座り込んだ。

すると五〇人余の武装米兵が駆けつけ、座り込む住民に銃剣を突きつけ、それでも動かない住民を銃床でめった打ちにし、たたき出した。叩かれて転んだ者を足で蹴飛ばして田んぼに押し転がした。

米兵たちは子どもの手と足を二人で捕まえて田んぼの泥の中に投げ込むなど、蛮行の限りを尽くした。座り込んでいた七二歳の伊波興一さんは、米兵の銃床でめった打ちにされて足腰が立たなくなり、気絶した。

それでもなお行動をやめなかった伊佐浜住民に対して、ついに米軍は五五年七月一九日、住民を部落から追い出して土地強奪を強行した。

この日の早朝、闘争の支援活動をしていた私は、MP（憲兵）に逮捕された。翌朝釈放されたが、私は学校に辞表を出さざるを得なかった。米軍基地に勤めていた私の妹（親米的だったが）も即刻クビになった。

伊江島、伊佐浜で繰り広げられた英雄的な土地強奪阻止闘争は、つづく一括買い上げの「プライス勧告」反対の、全県的な大闘争の前奏曲となった。

第Ⅱ章
沖縄人権協会の草創期
＝1961年から71年

―――中原　俊明［1、2節］
平良　　修［3節］
今村　元義［4節］

1961年４月４日の沖縄人権協会設立総会

1　米国統治最後の一〇年

❖沖縄の人権「暗黒時代」＝高等弁務官時代

一般に人権問題は、それを侵害する側（権力）とされる側（民衆）の間で生じる。侵害が生じないように、権力の手足をしばり、囲いの中に閉じ込める必要があるが、その役割を果たすのが憲法である。しかし、沖縄では、人権を守る憲法が存在せず、いわば憲法の空白地帯に放置されたまま、戦後二七年もの間米国の統治下におかれた。専門家は、これを沖縄の「暗黒時代」と呼ぶ（宮里政玄『日米関係と沖縄』岩波書店）。憲法不在の暗黒時代に何が起こったか、民主主義のチャンピオンをもって任ずる米国は為政者としてその名に恥じるところはなかったのか、沖縄の住民はその歴史の目撃証人となった。

戦後は米軍の占領状態から始まったから、米軍の側では、沖縄は米軍が軍事行動で戦いとった「戦利品」だという感覚に支配されているらしい（ダグラス・ラミス『要石―沖縄と憲法九条』晶文社）。その勝者の認識はおそらく今日生起する諸問題の根源に息づいているであろう。最近の出来事から拾い上げても、普天間基地の県内移設強行、ケビン・メア前在沖米総領事の「沖縄人はゆすりの名人」との差別発言、危険な垂直離着陸機・オスプレイの強行配備計画、後を絶たぬ米軍の事件事故など、いずれもそこで生きる沖縄住民など、眼中にないかのような傍若無人さが目立つ。

一九五二年の対日講和条約の発効により、その第三条に基づく統治へと移行したが、憲法の空白状態は継続しただけでなく、その二七年間の後半、一九五七年から一五年間は「高等弁務官時代」といわれ、統治権力の頂点に米国の軍人が君臨して、沖縄の民衆を支配した。それは「沖縄の帝王」と呼ばれた（大田昌秀『沖縄の帝王　高等弁務官』久米書房）。どの弁務官も「沖縄人は日本人ではない」という認識を共有しつつ、終始、基地維持という至上命令の下で統治を進めた。そして彼らにとって沖縄は、「米国が海外で政府の全権を行使できる唯一の地」で、「この島を支配する国が極東を支配する」という存在であった（宮城悦二郎『占領者の眼』那覇出版社）。

二代目のブース高等弁務官の時代、一九五九年八月に国際人権連盟議長のボールドウィン氏が沖縄の現状を視察したあと、「軍事基地のために人権が侵されてはならない」と発言した。それをきっかけに日本の自由人権協会が一九六一年九月に沖縄で約一週間の調査を実施、結果は報告書にまとめられて、報道された。そのために、本土でも沖縄の人権問題が広く知られるようになり、それがまた沖縄人権協会結成のきっかけとなった。

ここでは人権問題の双方の主役、米統治者側と沖縄の民衆の側での問題の流れをみていく。この章は一九六一年から七二年の復帰直前までをカバーする。一九六一年の四月に沖縄人権協会が結成されたが、この経緯は後で詳述する。まずは沖縄の人権問題の背後にオールマイティーといわれた米国の為政者、権力者の実態を検証しておく。

❖キャラウェイ高等弁務官時代

一九六一年一月に就任したJ・Fケネディー大統領は、その年頭教書で「極東の緊張が続く限り沖縄の基地と施政権を保有する」との政策をはっきり打ち出した。その使命を帯びて二月に三代目の高等弁務官として赴任したのが、南部アーカンソー州出身のキャラウェイ中将だった。おそらく最も存在感のあった為政者で、高圧的な政策を推し進めた。陸軍士官学校とジョージタウン大学法学部を出ており、ロンドンの大使館付武官の経験もあった。着任時の記者会見での「高等弁務官の権限は絶対である」との予告通り、その任期中には直接統治の傾向が強まり、不正摘発などで金融界を震撼《しんかん》させたキャラウェイ旋風も起きた。ただその評価は分かれる（外間完和『キャラウェイ旋風』ひるぎ社参照）。

彼は「この島では何人といえども私の同意なくしては生きることも、息をすることもできない」と述べた（宮城、前掲書）。そして六三年三月五日には、沖縄の鹿鳴館《ろくめいかん》といわれたハーバービュークラブで開かれた金門《きんもん》クラブ（アメリカ留学経験者で組織された団体）の例会における講演で、「自治神話論」を述べて物議をかもした。その要点は、講和条約第三条の下で、琉球側に自治政府はありえず、住民が自由意思で独立国家にでもならない限り、現状では自治は神話（myth）である」と言い切ったので、沖縄中が蜂の巣をつついたような騒ぎとなった。

このスピーチの一週間前には、国場君という中学生がマリン兵の運転する車輌にひかれて即死し、その後軍事法廷で無罪判決が言い渡される事件があり、沖縄にとって屈辱的な現実が浮き彫りになっていた（後述）。

✣ワトソン高等弁務官時代

六〇年代半ばからベトナム戦争が本格化し、沖縄の基地もこれに直結させられていく。その中で六四年八月になると、四代目のワトソン高等弁務官が就任した。本土ではこの年の一一月に、佐藤栄作総理の登場となった。同弁務官は、ややソフトタッチで、自由世界の防衛のために琉球住民がいかに貢献しているかを強調し、また住民の安全と経済的繁栄に米軍基地がいかに重要であるか、「基地」こそは、沖縄にとってナンバーワンの〝作物〟だという「基地作物論」をぶち上げ、基地撤去を求めるのは全住民の一％にも満たないはずだ、とも広言した。しかし皮肉にも六五年六月一一日、読谷村《よみたんそん》での米軍機からのパラシュートによる投下訓練で、誤って民間地区に落下したトレーラーにより小学生が押し潰されて死亡する惨事が発生した。

六六年には、米権力者と民衆の間の緊張を一挙に高める出来事が少なくとも二つあった。一つには、琉球上訴裁判所で係属中の二つの事件（友利事件とサンマ課税事件）が、ワトソン弁務官の命令によって六月二一日に米国民政府（通称・ユースカー）裁判所へ移送され、大きな反発を生んだ。

これに関連して沖縄人権協会の発起人の一人で良識派の政治家、法律家として人望の厚かった知念《ちねん》朝功《ちょうこう》立法院議員は、抗議の辞職をした。詳細は後述する。

❖アンガー、ランパート高等弁務官時代

六六年のもう一つの出来事として、一一月に行われた五代目のアンガー弁務官の就任式で、平良修牧師が「最後の高等弁務官になってほしい」という勇気ある祈祷《きとう》を行い、大きな波紋を呼んだことがあげられる（八三頁コラム参照）。

ワトソン施政の時には、沖縄返還のことなどは考えられなかったが、六五年八月一九日から沖縄を訪問した佐藤総理が、「沖縄の祖国復帰が実現しない限りわが国にとって戦後は終わらない」と公言、六七年一一月の日米首脳会談後の共同声明で、「両三年以内の返還合意」を打ち出した。その前後から状況が変化し、米側、すなわちアンガー高等弁務官も「基地保持は復帰を妨げない」との立場へ後退した。六七年一〇月には、米為政者から本土渡航を拒否され続けた瀬長亀次郎氏にも許可がおり、基地労働者の組合である全軍労の団交権も認められた。

六〇年代末には、沖縄の政治の上に慌ただしい動きが続く。大統領行政命令が改正されて、六八年一一月

一〇日には宿願の行政主席公選が実施された。結果は、基地の即時全面返還、安保反対を訴えた屋良朝苗《やらちょうびょう》氏が、沖縄自民党の西銘《にしめ》順治氏を破って当選した。自民党側は米国民政府から提供された膨大な弁務官資金をつぎ込んでの金権選挙を繰り広げたが奏効せず、アメリカ側の認識にも影響を与えた。

「沖縄の情勢は明らかに悪化し、アメリカの存在に対する敵意が増していた」(マイヤー大使)、「復帰問題について引き返し不能な時点に到達した」(スナイダー国務省日本部長)などの発言が、その状況を如実に表している(宮里政玄、前掲書)。

六九年一月二〇日にはアメリカでニクソン政権が誕生し、同月二八日には、第六代目で最後の高等弁務官となったランパート中将が赴任した。一一月二一日には、佐藤・ニクソン会談で沖縄の七二年日本復帰が合意された。ただし、沖縄における行政、立法、司法の権限だけが日本政府に返還されるのであり、米軍基地まで返還されるわけではないので、「復帰」ではなく「施政権返還」という表現が正しいとの指摘がある(我部政明『沖縄返還とは何だったのか』NHK出版)。

返還に関して、その時期、態様、経済的取り極めを中心に、日米間の外交交渉が展開された。米側は、返還後も沖縄基地の自由使用の継続と事前協議制の空洞化、核兵器の持込み、そして返還に際して経済的利益を最大限に獲得することに固執した。

とくに経済的利益という点に関して、米側は、日本政府に対し総額六億四五〇〇万ドルをランプサム(一括払い方式)で支払うよう要求し、返還協定と秘密合意によって、七二年から七七年にかけてこれを手中にしたといわれるが、この金額は戦後二七年間にアメリカ政府が沖縄の統治につぎ込んだ総費用にほぼ匹敵するもので、この機に一挙に取り戻したことになる(我部政明、前掲書)。

沖縄基地の使用について、日本政府は施政権返還後も米軍の軍事行動は従来通り保証するとの言質を与えていたといわれるが、これはチャップマン海兵隊最高司令官の「沖縄基地は、復帰後も自由使用する」との言明や、その後の事実経過とも符合する（宮城、前掲書）。

住民側の権利面では、日章旗掲揚の全面解禁や、七一年一〇月の国政選挙実施などがあった。しかし同年一二月二〇日には、交通事故を起こした米軍加害者をかばい、沖縄人被害者を放置した米軍憲兵の不公正な事故処理がきっかけとなり、いわゆるコザ騒動（あるいは暴動）が発生し、怒れる住民らが米人車輌六、七〇台を焼き討ちにするという破天荒な事件に発展した（七五頁参照）。

一九六八年には米軍の毒ガスの存在が明らかとなり、住民の強い撤去要求の結果、七一年には撤去作業が実施された（八五頁コラム参照）。

❖軍政批判をした良心的米国人ら

米国の占領統治は過酷を極めたが、反面、少数ながら住民の側に立って、軍政へ批判的な言動をしたアメリカ人たちがいたことに心をとめておきたい。前述のボールドウィン氏に先んじて、五〇年代に米軍による土地の強制接収が行われた時、沖縄で布教活動をしていたオーチス・ベル宣教師とハロルド・リカード宣教師らはその先駆的な働きをした。

彼らは、米軍による土地接収が強行された伊江島や伊佐浜の現場へ行って住民たちの声を聞き、高等弁務官や米軍当局者にも円満な問題解決を申し入れた。理不尽な接収の実情を米本国の教会関係や人権団体にも報告したほか、ダレス国務長官や議会関係者にも電報や手紙で訴えている。それがクリスチャンセンチュリー誌やアメリカの自由人権協会や国際自由労連などが、この問題を取り上げるきっかけとなり、ボールドウィン議長来沖の契機ともなった。さらに六二年七月に民政官が軍人から民間人（マキューン氏）に切り替えられたのも、彼らの働きかけが奏効したといわれる。

また施政権返還が迫った一九七一年一〇月二九日に、上院の外交委員会で意見陳述をしたミズリー州ワシントン大学のマーク・セルデン教授（歴史学）も、返還の内容を次のように批判した。

「沖縄を引き続き米国の基地として使用するのは沖縄住民や日本国民の利益と要求を厚かましくも踏みにじるもの……しかもそれは中国に対峙するための日米軍事同盟を強化することにより、東アジアにおける緊張緩和の努力を効果的に挫折させるものである」

さらに同じ外交委員会で証言したクエイカー教徒の代表レイモンド・ウィルソン氏は、沖縄返還協定に関して、問題の解決にならないこと、今こそ沖縄を非軍事化し、日本がアジアにおける平和のリーダーとなり、憲法九条の理想に従って生きていけるよう手助けする機会であることなどを強調した（宮城、前掲書）。これらの声が米国政府によって受け入れられることは無論なかったが、アメリカの良心を垣間見ることができる。

2　沖縄人権協会の発足と活動

❖設立への始動

このような米軍統治下という時代背景の中で、沖縄人権協会は一九六一年四月四日に発足した。設立総会は、那覇市の教育会館ホールで二〇〇人余の会員が出席して開かれた。地元の琉球新報、沖縄タイムスの両紙とも写真入りのトップ記事で報道した。

これに先立って、六一年二月九日に発起人会が開催された。「設立趣意書」にその経過が記されている。

米国の独立宣言や一九四八年の世界人権宣言などによって、個人は生まれながらにして自由かつ平等であり、その人格は尊厳不可譲であって、いかなる権力もこれを破ることができないこと、沖縄では明治期に謝花昇らを中心に沖縄版自由民権運動で人権拡張の運動もあったが、第二次大戦で暗黒の歴史に突入したこと、戦後日本国憲法によって、侵すことのできない永久の権利として基本的人権が明確にされたものの沖縄は軍事占領のため、憲法の適用はなく人権擁護の法制度や人権思想が育たない実情にあること、そんな中、一九五九年夏にボールドウィン氏が調査のため来島、沖縄での人権擁護組織の示唆を受けたこと、そこで個人や党派を超えて人権擁護運動の崇高な使命を全うする決意を表明する、としている。

沖縄人権協会発足を推進した四人の立役者を、ここで紹介しておきたい。

第一に、「人権問題の父」と呼ばれたロジャー・ボールドウィン氏である。国連の諮問機関である国際人権連盟の議長とアメリカ自由人権協会長を兼ねる重鎮で、六一年三月に七〇歳代のボールドウィン氏をニューヨークに訪ねた沖縄タイムスの富川記者のインタビュー記事が残っている（沖縄タイムス一九六一年四月五日）。氏は沖縄の人権問題に深い関心をもち、沖縄現地の新聞の英訳を読んでおり、「とにかくプッシュすることだ。沖縄の人たちも自分たちのことだから、ぼやぼやしていてはいけない」と、激励したという。

第二に海野普吉《うんのしんきち》弁護士である。戦後にできた日本自由人権協会の生みの親であり、育ての親である。アメリカの政治家そして弁護士として、奴隷制に反対したダニエル・ウェブスターの生き方に影響を受けて、東京大学卒業と同時に弁護士となり、不敬罪に問われた尾崎行雄や出版法違反の河合栄治郎などの弁護で不朽の足跡を残した。とくに戦時下最大の思想・言論弾圧事件とされる横浜事件では、三十余人の弁護を一手に引き受けた。戦後は自由人権協会の初代理事長、日弁連会長もつとめた。とくに米軍支配下の沖縄の人権状況に心を痛め、これを告発して世論喚起に貢献した法律家である。

第三に、初代理事長・下地敏之氏であるが、琉球弁護士会長を務め終えたばかりであった。氏は、終戦直後に宮古民主党を結成し、その党綱領として、民主主義態勢の確立、人権の保障、労働条件の改革などを掲げて活躍した気骨ある人権派弁護士だった。

四番目に、初代事務局長であり現理事長の福地曠昭氏である。氏は米軍の情報機関ににらまれて、渡航パスポートも拒否され、大学での勉学の道すら断たれたが、こうした米軍の理不尽な人権侵害で苦しむ人が少なからずいる以上、彼らの救済こそ自分の使命と覚悟を決め、復帰運動の先頭に立つ屋良朝苗沖縄教職員会会長を助けつつ、発足前後から今日まで沖縄人権協会の活動に心血を注いでいる。そのため右翼に命を狙われる事件もあった。

六七年二月に与党の民主党が、教職員の活動を封じ込めるため、勤務評定や政治活動禁止を盛り込んだ教育公務員特例法などを立法院で制定するため、警察力まで動員した際、二万人余のデモ隊が立法院を取り囲んでこれを阻止し、実質的に廃案に追い込んだ。その時指導的な役割を果たした福地氏は、その直後に右翼に包丁で切りつけられて右足大腿部に重傷を負い、三カ月の入院生活を強いられた（福地曠昭『基地と人権』、『沖縄史を駆け抜けた男・福地曠昭の半生』いずれも同時代社）。

これら四人のキーパーソンのうち一人が欠けても人権協会の発足は難しかったはずだ。

人権協会の発起人として、親泊英隆（琉球弁護士会人権擁護委員長）、赤嶺義信（琉球大学法学科教授）、上地一史（沖縄タイムス編集局長）、池宮城《いけみやぐすく》 秀《しゅう》意《い》（琉球新報編集局長）、知念朝功（立法院議員）、屋良朝苗（沖縄教職員会会長）の各氏が名前を連ねている。

設立総会では、理事選任や規約審議が中心だったが、海野普吉氏から届いたメッセージでは、相次ぐ人権問題の発生は、沖縄が法の真空地帯に置かれているためで、この悲惨な状況から脱却して、「法の支配」の確立こそ緊急に必要なことが強調された。またボールドウィン氏からも全力を尽くして援助したい旨のメッセージが寄せられた。

❖活動目標と陣容

採択された宣言の中で、「行政命令第一二節は基本的人権の保障を高く掲げているが、講和条約第三条による沖縄の地位の特殊性は、沖縄における人権問題の様相を著しく深刻複雑ならしめ、その解決に幾多の困難を加えている」と述べ、憲法不在の沖縄の置かれた法的状況と人権問題の密接な関連を示唆している。

役員選任では、下地敏之弁護士が理事長に、理事として発起人に加え、金城秀三、幸地《こうち》成憲、仲井真宗成（いずれも琉球大学）、中村晃兆弁護士、本永寛昭官公労書記長、外間《ほかま》米子（婦連）、事務局長として福地曠昭氏などが選出された。当時の沖縄の法曹界、マスコミ、大学、婦人団体、労組など各界の指導的な人々が名を連ねた。

採択された協会規約は三二カ条からなり、会の目的として基本的人権の擁護、自由人権思想の普及、事業として人権侵犯事件の調査研究などを定めた。

こうして発足した人権協会の行く手に期待と懸念を抱いた人がいた。終始、米権力者から弾圧の標的とされた瀬長亀次郎氏であった。氏の当日の日記には次のように記されている。

「沖縄の知名氏が網羅されている。それだけに戦う人権協会になりうるか疑問だが、要は中で実際の計画を立案し、踏みにじられた人権の擁護のためにどう闘うか。眠り込んでいる人権思想をどのように大衆のものにするか、身を以て実践する活動家を執行部に入れることが大事である」（同氏『瀬長亀次郎日記』六一年四月四日より）。

これは沖縄人権協会五〇年の歴史の中で、問われ続けた課題だったといえよう。

❖沖縄人権協会の発足当初の活動

沖縄人権協会が店開きをするや、初日から人権侵害を受けたとして相談を持ち込む人びと（「提訴者」と呼んだ）がつめかけた。その背景を考えてみると、今日、人権侵害事件の救済といえば裁判所に求められるが、当時の琉球政府裁判所は、法的にも政治的にも、高等弁務官を頂点とする米国民政府の影響下にあった。たとえば、米国側の出した布告一二号「琉球民裁判所制」の下で、住民側の司法の頂点に位置する琉球上訴裁判所の五人の裁判官は、高等弁務官がその指名及び任命権をもっていた。また大統領行政命令一〇節B項1号では、「米国の安全、財産、利益に重大な影響を及ぼす事件は、米国民政府の裁判所へ移送を命ずる」こともできた。だから米国民政府との関係で、「琉球民裁判所は、自主性も独立性もなかった」（日本弁護士連合会「沖縄白書」）と評価された。つまり米統治権者により人権を侵害された住民が、信頼して訴えを提起できる状況にはほど遠かった。

提訴を受けた人権協会は、独自に調査して処理できたケースもあれば、事件内容によっては法務局や弁護士会へ付託した場合もあった。また重要案件では、意見書、抗議文、要請書などを出して、関係機関へ働きかける活動も行った。

■多様な人権侵害―相談（提訴）事例から

憲法不在の異民族統治下で、住民の基本的人権侵害がいかに日常化、構造化していたか、いくつかの具体的事例を人権協会の発足後五年間の活動報告書「人権擁護の歩み」（一九六六年発行）から拾ってみる。

協会に持ち込まれた案件は、渡航拒否（不許可）問題、米軍の思想調査と通行パス取り上げ問題、被選挙権あるいは公民権の剥奪、米軍による加害と裁判の不公正、米軍による妻子置去り、警察官の職権乱用、前借金と虐待の絡んだ女給問題など多岐にわたる。若干の事例を紹介する。

第一に渡航拒否。当時、沖縄から本土へ渡航する場合、外国と同様に、米国民政府（その代行機関として琉球政府出入管理部）に手続きをして渡航身分証明書（パスポートと呼んでいた）を取得しなければならなかったが、その拒否事例が相次いだ。

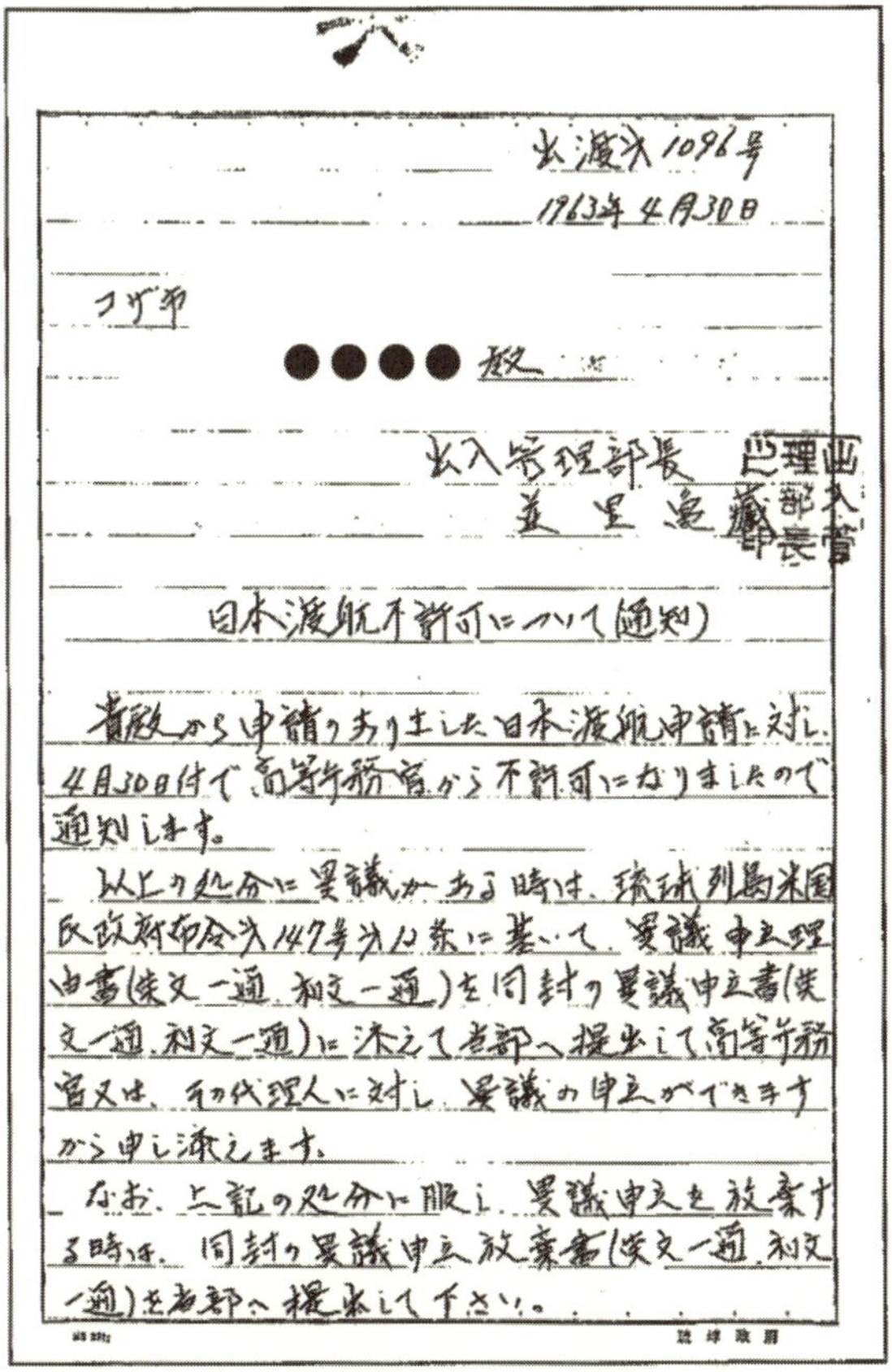

出渡第1096号
1963年4月30日

コザ市
●●●● 殿

出入管理部長
美里 [illegible]

日本渡航不許可について（通知）

貴殿から申請のありました日本渡航申請に対し、4月30日付で高等弁務官から不許可になりましたので通知します。

以上の処分に異議がある時は、琉球列島米国民政府布令第147号第12条に基いて、異議申立理由書（英文一通、和文一通）を同封の異議申立書（英文一通、和文一通）に添えて当部へ提出して高等弁務官又は、その代理人に対し異議の申立ができますから申し添えます。

なお、上記の処分に服し、異議申立を放棄する時は、同封の異議申立放棄書（英文一通、和文一通）を当部へ提出して下さい。

琉球政府

本土への渡航不許可の通知

一九六一年に池田首相の渡米に際して施政権返還要求をするため、沖縄県祖国復帰協議会では赤嶺武次氏ら六名の代表を東京へ派遣する決定をし、資金カンパや壮行会を行い、渡航申請手続きをした。しかし「渡航補助申請書」の提出を求められ、事実上拒否された。この書類は、過去及び現在の所属団体、共産党関係者との交際の有無、滞在中に訪問する個人、団体名などを詳細に記入させ、虚偽記載があれば刑罰を科する仕組みだった。一種の思想調査であり、米側にとっては好ましくない人物を陥れる「ワナ」だった。

そこでその不当性を訴えて、救済を人権協会に求めた。人権協会は、慎重に検討を加え、この制度が法の下の平等、思想の自由、法の適正手続等の原則に反し、速やかに廃止すべきとの結論を出した。

その他、本土留学、病気治療、就職等の目的の渡航申請でも容赦なく不許可とされた。前述の福地曠昭氏の場合、青山学院大学の学生のころ夏休みに帰省し、二学期に再度東京へ戻るため渡航申請をしたところ、理由不明のまま保留され事実上不許可となり、大学中退を余儀なくされた。おそらく東京で沖縄問題を訴える活動をしたのが原因だったと思われる。なお、この悪名高き渡航補助申請書制度は、後述するように一九六七年に事実上廃止となる。

次に被選挙権の剥奪。米側へ批判的な立場をとる野党政治家の被選挙権や公民権を強権的に奪い、当選しても得票は無効にするという事例が発生した。

瀬長亀次郎那覇市長が追放されたことは前述（四一頁コラム）したが、一九六五年一一月に実施された立法院議員選挙の開票直前にも、米国民政府の意向を受けた沖縄側の中央選挙管理委員会は突然、琉球政府章典（民政府布令六八号）二二条の規定（重罪又は破廉恥罪に処せられた者の被選挙権を否定）などを根拠に、四人（友利《ともり》隆彪《たかとら》、瀬長亀次郎、又吉一郎、大宜味朝徳氏ら）の野党候補者を失格とし、得票をすべて無効とした。

そこで友利氏からこれを不当として救済を求める提訴を受け、人権協会では慎重に法的問題点を中心に検討し、「民主主義国家の人民が享有している選挙権、被選挙権を布令で剥奪しているのは、大統領行政命令

第一二条に反している」として、四候補に対する失格宣言の撤回と布令六八号などの廃止を求めた。この流れの中でいわゆる「裁判移送問題」が起きたが、その大筋の経過は次の通りである。

※

一九六六年六月七日付で、当時のワトソン高等弁務官から琉球上訴裁判所首席判事宛に、同裁判所で審理中の友利事件とサンマ事件を米国民政府裁判所に移送するよう命令が発せられた。当時大統領行政命令によって、弁務官は「米国の安全、財産、利益に影響を及ぼす重大な事件」について移送命令を出せる仕組みだったが、実際にその政治的社会的反響は大きく広がった。

友利事件とは、琉球立法院議員選挙で当選した友利隆彪氏に対し、アメリカ側の意向を受けた中央選管から、琉球政府章典（布令）中の「重罪または破廉恥罪」に処せられた者として、被選挙権を欠き失格とされた事件である。同氏は過去に選挙法違反で罰金刑を受けたが、これで被選挙権を奪うのは民主主義社会では不合理で行政命令にも反すると主張した。第一審の中央巡回裁判所は、布令を被選挙資格の不当な制限として友利氏を勝訴させた。事件は上訴裁判所に上告された。

一方のサンマ事件は、漁業会社が琉球政府に対して、物品税法の課税物品別表中にないサンマ、カツオ等の徴税が行われたのは、租税法律主義に反するので過誤納金として返還を求め、その根拠となった高等弁務官布令が大統領行政命令に違反すると主張して提訴した事件である。中央巡回裁判所は、課税対象が別表で特定された魚介類に制限されると解し、原告を勝訴させた。

両事件とも琉球上訴裁判所に上訴され、判決言渡しを目前にして移送命令が出た。両事件での争点は、琉球政府の裁判所が大統領行政命令に照らして、その下位法規である弁務官布令を審査できるかどうかであったが、中央巡回裁判所の判決はこれを肯定した。

間もなく在日米軍の法律専門家からなる米国民政府民事裁判所で審理されて判決が出されたが、琉球政府の裁判所による法令審査権を是認した点が一定の評価を受けた。

最後は、米軍の事件事故。一九六三年二月二八日には、青信号で道路を横断中だった上ノ山中学生・国場秀夫君が轢殺《れきさつ》される事件があり、加害米兵が軍法会議で無罪判決を言い渡されたので、沖縄の社会全体に大きな衝撃を与えた。

提訴を受けた人権協会は、沖縄人への人命軽視から起きた事件であり、治外法権の下で処理される現状に抗議し、この種の事件の捜査権、裁判権の沖縄側への移管を求め、賠償請求額をそのまま認めるべきとの意見書を出した。類似の事件で、すでに一〇人余の学童が死傷していた事実も指摘された。

この種の不条理はその後もほとんど改善されず、今なお日常茶飯事となっている。

■活動の成果

人権協会は、住民にとって裁判所に代わる社会的な働きをした。いわば社会的弱者の「駆け込み寺」だったが、実際の提訴件数を見ると、協会発足初年度では一三〇件だったのが、五年間で約五〇〇件に達した。個別のケースへの対応に加えて、さらに人権協会独自の活動成果をいくつかあげてみよう。

第一に、憲法記念日の制定がある。一九六三年の定期総会では、日本自由人権協会理事の伊藤正己東京大学教授を招いて記念講演が行われたこともあって、憲法不在の沖縄で憲法への関心が高まりつつあった。福地理事長によれば、一九六五年には、人権協会は復帰協とともに憲法記念日の制定を要請したとされ、他方、立法院議員だった古堅実吉《ふるげんさねよし》氏によると、あくまで議員発議によるとして、事実認識に食い違いもないではないが、最終的に琉球立法院は、休日法改正のうえ五月三日を憲法記念日として休日にする案件を可決した。ただし、当時は立法院の可決で直ちに法律が成立するわけではなく、アメリカ側の任命した行政主席が米国民政府と「事後調整」をクリアして署名できた時に、法律となるシステムだった。その署名自体が危ぶまれたが、保守派の松岡主席は署名をした。

七二年の施政権返還で沖縄にも日本国憲法は適用されることになり、それまで重要な役割を果たしてきた祖国復帰協議会が解散（七七年）するが、それに先立ち七二年には沖縄県憲法普及協議会が発足し、その活動の一つとして、毎年五月三日には人権協会などと憲法講演会を共催している。

第二に、渡航拒否の手段として使われた「渡航補助申請書」は、個人の思想調査と大衆運動弾圧の実質をもつので、人権協会から国際人権連盟にも訴えた。すると直接当事者の福地理事長に、高等弁務官の政治顧問であったブランキ・シップ領事から予期しない接触があり、その不当性をシップ領事に強く訴えところ、「よくわかった」といい、以後この申請書を要求しなくなったという。ただし、その根拠法の「集成刑法」（布令一四四号）の規定は存続した。つまり事実上の廃止だったが、後述する中野好夫氏の例のように本土からの入域拒否はなお続いた。

第三に、六四年二月には、悪評の高かった出版物許可制度が廃止された。さかのぼると、一九六〇年に、沖縄教職員会では愛唱歌集を出版許可申請の一日前に出版配布したところ、その中に含まれた「メーデーの歌」や「沖縄を返せ」などが、米当局の神経を逆なでしたらしく、布令一四四号違反として回収された。また人民党の機関紙「人民」も出版不許可とされた事例があった。そうした前近代的制度がやっと改善されたのである。

3　続発する米軍犯罪と渡航拒否問題

第二次世界大戦後、沖縄は日本から切り離され、住民への厳しい米軍支配の下で立法、司法、行政が行われた。米軍人・軍属の犯罪が多発したにもかかわらず、琉球政府警察はこれらの犯罪を抑制防止し、発生した事件を捜査、処理することがほとんどできなかった。沖縄の司法権は完全に米軍に握られており、米軍人・軍属の犯罪は、限られた場合の現行犯逮捕権を除いて、まったく権限を与えられていなかったのである。

逮捕権、捜査権、裁判権も沖縄側になかったため、事件処理がどのようにされたのか、軍法会議でどのような判決が出たのか、琉球警察も沖縄住民も知ることができなかった。この体制が米軍人・軍属の犯罪を助長した。ことにベトナム戦争の真っ最中には、米兵の中に戦場に行くよりは、沖縄で事件を起こして軽い罪で軍刑務所に入った方がいいと考えた犯罪も起きた。被害者の多くは沖縄住民であった。

❖米軍犯罪とその裁判

米軍人・軍属による犯罪は、どう裁かれたか――裁判権の問題に関連して、三つの例を挙げる。

■登校中の生徒への米軍トレーラー追突事件

一九六七年一月三一日午前七時五〇分ころ、石川市（現うるま市）東恩納《ひがしおんな》自動車修理工場前の道路一三号線で五人の登校中の生徒の列に米軍のトレーラーが突っ込み、一〇歳と九歳の兄弟が事故にあった。二人は後方から約二〇マイル（三二キロ）のスピードで進行してきた一九歳の米兵の運転するトレーラーにはねとばされ、一人は顔面打撲、頭蓋骨骨折の重傷、もう一人は頭に軽い傷を受けた。軍法会議の結果は不明。

■米軍将校による学童轢殺事件

一九六七年六月七日午後七時三〇分ころ、糸満市字阿波根の七号線の道路わきで、自転車修理中の中学二年生K君（一四歳）、同二年生H君（一四歳）と一年生M君（一三歳）に対し、米軍将校ポール・D・ミヤシートの運転する乗用車が突っ込み、K君を即死させ、H君、M君に重軽傷を負わせた。軍法会議の結果は不明。

■ハウスメイド殺人事件

一九六八年三月二九日、牧港《まきみなと》米軍独身将校ハウスの女子寮浴場で、ハウスメイドTさんが全身打撲で殺害された。全裸の被害者の状況から、米軍の死亡証明はハウスの家庭用風呂での溺死《できし》となっていた。全身打撲の後、溺死させられた疑いの濃いこの事件について、遺族の強い要請を受け、沖縄人権協会は、県民の基本的人権と福祉を守る立場から正当な捜査がなされるよう、真相究明の要求決議を関係機関に要請した。

《ハウスメイド殺人事件に対する真相究明を要求する決議

去る三月二九日、浦添村牧港サービス地区独身寮内の風呂場でハウスメイドTさんが、全裸のまま、全身に打撲傷を負って殺された極悪非道の殺人事件が起こってから、すでに三カ月経過した。

しかるに、米軍基地内で起こった殺人事件だということで、直ちに沖縄警察陣がタッチすることもできず、徒に月日が流れ、今だに犯人捜査のメドすらついていない。これまでにも米軍基地にからんで、沖縄人の基本的人権侵害に関する事件が枚挙にいとまないほど数多い件数に達している。われわれは、その度、怒りを込めて抗議してきたが、米軍当局はその都度、「二度とこのような事故を起こさない」と繰り返し言明してきた。

しかし、沖縄人の社会不安は一層つのるばかりで、米軍に対する恐怖と不信と怒りが深まっていくだけである。

今回の殺人事件に対しても、人間の基本的人権と福祉を守る立場から、正当な捜査がなされ、犯人の逮捕も時間の問題だろうと大きな期待をよせてきた。

しかし、その期待は、完全に裏切られてしまった。このままでは沖縄人の生命を尊重し、基本的人権を擁護するような考え方は、みじんもなく、沖縄人の犠牲は止むを得ないということになりかねない。われわれは、この米軍の軍事優先政策の乱脈ぶりに心からの憤りを覚える。平和時につぎつぎと米軍基地に関わる事件を起こして、沖縄人の生命を奪い去ることは、人道上ばかりでなく、国際法理上からも絶対に許容できない。

よってハウスメイド殺人事件の捜査の在り方に抗議するとともに、一日も早く犯人の目星をつけてもらうよう次のように強く要求する。
1　布告、布令を直ちに撤廃し、沖縄警察にも米軍人、軍属の捜査権、逮捕権を与えること。
1　ハウスメイド殺人事件の犯人を一日も早く逮捕して真相を究明し、公表すること。
1　遺族に対して完全な慰謝を早期に行うこと。
右、決議する。
一九六八年六月三日
沖縄人権協会》

❖米国民政府による沖縄・日本本土間の渡航拒否問題

すでに述べたように米軍統治下にある沖縄と日本本土を往復するには渡航の制限があり、自由に往復することはできなかった。米国民政府は渡航申請者の思想、所属団体などの調査をし、米国民政府にとって「好ましくない人」たち、とりわけ人民党員、その支持者の一部を不許可にした。とくに政治集会参加の渡航はきびしく制約された。人権協会は一九六四年七月一六日、アメリカ自由人権協会への協力要請の中で、補助申請書の提出を求められたり、理由もなく長期間許可されず保留のままとなっているなど、渡航を拒否された人は約二〇〇人にも及んでいると訴えた。

渡航制限の結果、一般の住民も親の死に目に会えなかったり、入学試験が受けられなかったり、就職の機会や病気療養の機会を失ったり、大きな人権侵害を受けることになった。たとえば、Hさんは自宅療養中の結核患者だったが、日本政府の医療援助によって本土の病院で療養することになった。しかし、二二五名の患者のうちHさんだけにパスポートが交付されず、結局、沖縄内の療養所に入院するしかなかった。

■瀬長亀次郎さんの本土渡航不許可

沖縄県祖国復帰協議会は、一九六七年六月二二日に東京で開かれる沖縄・小笠原返還要求中央実行委員会主催「渡航制限撤廃、自由往来実現をかちとる中央集会」に、復帰協代表として人民党委員長の瀬長亀次郎さんの派遣を決めたが、不許可になった。瀬長さんに対する渡航拒否は一六回目であった。復帰協や人権協会は粘り強い要求をつづけて、一九六七年一〇月一二日に初めて渡航が許可された（瀬長さんは渡航拒否の損害賠償や原爆被害の医療費を国に求めて提訴した、いわゆる沖縄違憲訴訟の原告の一人として東京地裁に出廷することになっていた）。

■評論家・中野好夫さんの来沖渡航不許可

人権協会は、世界人権宣言二〇周年にあたる一九六八年五月三日の憲法記念日に記念講演会を計画し、元東大教授の中野好夫さんを講師として招聘《しょうへい》したが、米国民政府は旅券発給を拒否した。人権協会は米国民政府高等弁務官に強く抗議し、旅券の発行を要求したが、発給拒否は取り消されなかった。（中野氏は本土で

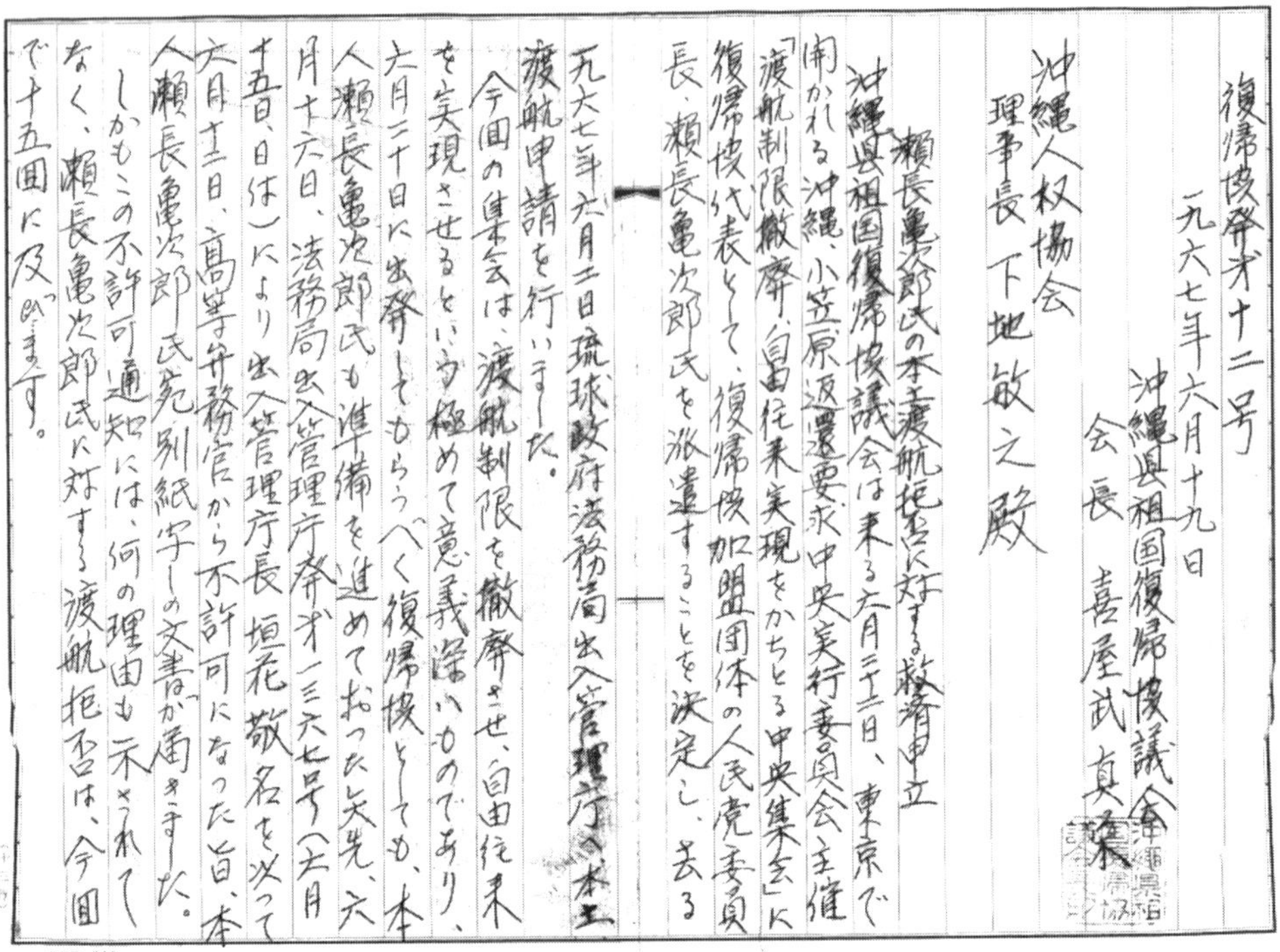
復帰協発才十二号
一九六七年六月十九日
沖縄県祖国復帰協議会
会長 喜屋武真栄
沖縄人権協会
理事長 下地敏之殿
瀬長亀次郎氏の本土渡航拒否に対する救済申立
沖縄県祖国復帰協議会は来る六月二十三日、東京で開かれる沖縄、小笠原返還要求中央実行委員会主催「渡航制限撤廃、自由往来実現をかちとる中央集会」に復帰協代表として、復帰協加盟団体の人民党委員長、瀬長亀次郎氏を派遣することを決定し、去る一九六七年六月二日琉球政府法務局出入管理庁へ本土渡航申請を行いました。
今回の集会は、渡航制限を撤廃させ、自由往来を実現させるという極めて意義深いものであり、六月二十日に出発してもらうべく復帰協としても、本人瀬長亀次郎氏も準備を進めておった矢先、六月十六日、法務局出入管理庁発才一三六七号（六月十五日、日付）により出入管理庁長垣花敬名を以って六月十三日、高等弁務官から不許可になった旨、本人瀬長亀次郎氏宛別紙写しの文書が届きました。
しかもこの不許可通知には、何の理由も示されてなく、瀬長亀次郎氏に対する渡航拒否は、今回で十五回に及びます。

復帰協から沖縄人権協会に出された「瀬長亀次郎氏の本土渡航拒否に対する救済申立書」

沖縄資料センターを主宰、六五年には新崎盛暉《あらさきもりてる》氏との共著で『沖縄問題二十年』〔岩波新書〕を出版していた。）

人権協会は「中野好夫氏に対する旅券発行拒否に関する抗議決議」を公表、直ちに発給を許可するよう要請した。さらに琉球立法院議長・山川泰邦さんに、立法院として抗議決議をするよう陳情した。

■青年・学生らの抗議活動

渡航制限について、沖縄出身の青年・学生らは日本政府総理府に座り込みの抗議をし、帰省する学生たちは渡航制限の撤廃を求めて鹿児島で抗議集会をした。また携帯していたパスポート（琉球住民の身分証明書）を、本土上陸の際に焼却して抗議する学生もいた。

■日米自由人権協会の動き

アメリカ自由人権協会顧問（国際人権連盟議長）ロジャー・ボールドウィン氏は一九六五年一月二五日、沖縄人権協会に書簡を送り、渡航制限を含む沖縄の人権問題について、沖縄現地がイニシアティブをとって問題提起をすれば、自分たちも協力する旨を約束した。また、日本自由人権協会（海野普吉理事長）は同年三月一九日、

「瀬長亀次郎日記 1967 年」より

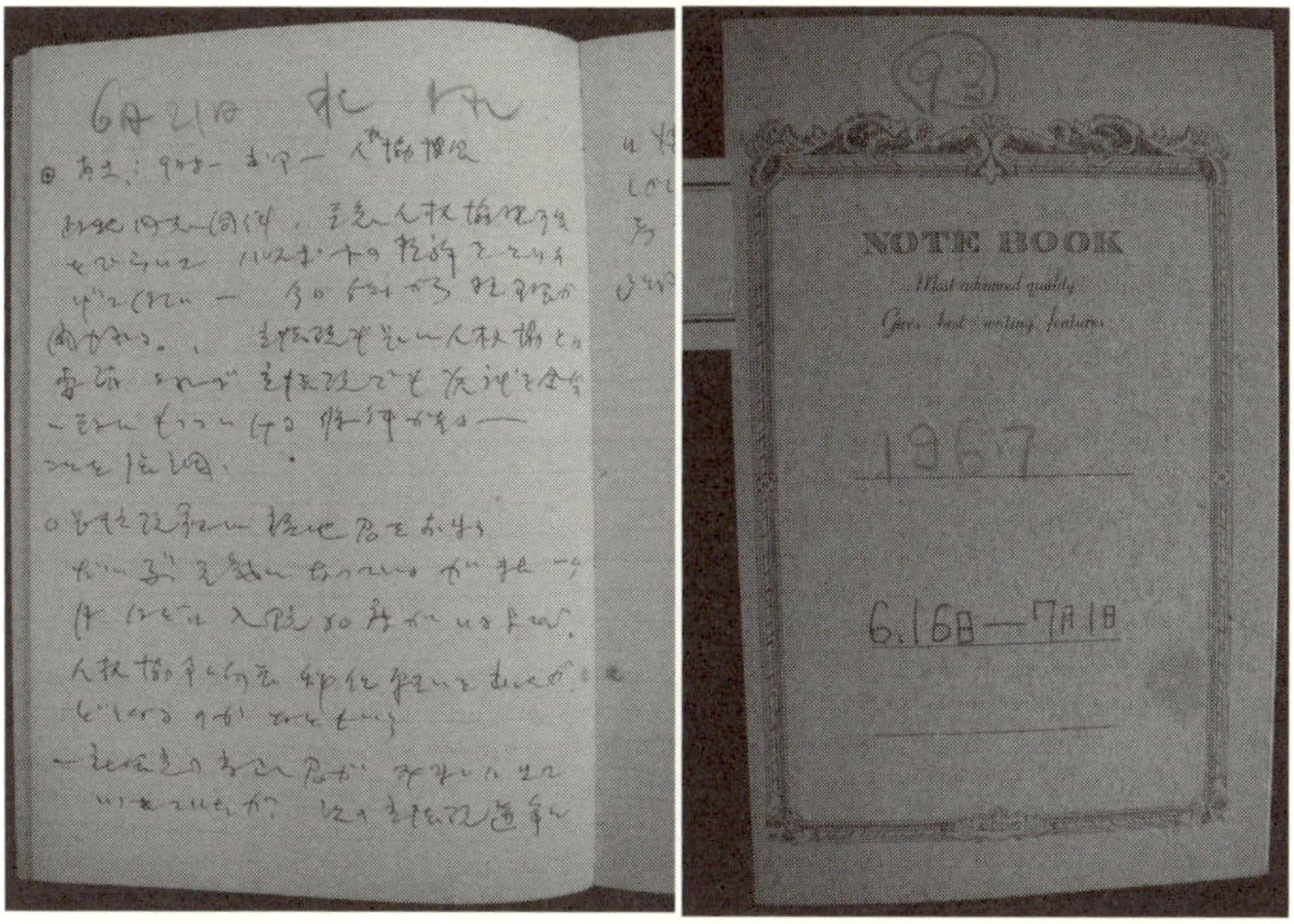

【内村千尋さん提供】

1967 年
6月 21 日　水　はれ
◉あさ：9時 －出動－ 人権協会
政秋同士同伴、至急人権協会理事会
をひらいてパスポートの提訴をとりあ
げてほしい － 今日、5時から理事会が
開かれる。立法院議長に人権協会として
要請すれば、立法院でも決議を全会
一致にもっていける条件があることを強調、

◉長浜病院に福地君をみまう。
だいぶ元気になっているがまだ一ヶ
月ほどは入院加療がいるようだ。
人権協会事務局長辞任願いを出したが
どうなるのかなどという

ワトソン高等弁務官に対して、渡航制限問題についての改善を要請した。

❖パス取り上げ事件

全軍労中央執行委員長・上原康助さんら一一人が、一九六七年四月一一日午後、ズケラン地区ゲート外で退勤する組合員を対象に全軍労のパンフレットを配布中、米軍憲兵によって検挙された。米軍当局はさらに上原委員長ら五人のパス（米軍雇用員であることを示す身分証明書）を永久に取り上げるという行動に出た。事件は大きな社会問題になり、その結果、全員釈放されたが、検挙の理由については今なお明らかにされておらず、委員長らのパス取り上げについては撤回されないままになった。

那覇市小禄《おろく》在住のAさんは、那覇米空軍基地内にある黙認耕作地の立ち入りパスを所有し、使用していたが、六七年八月六日の切り替えの際、提出する履歴書に「あなたまたはあなたの家族の誰かが共産党か共産党関係の団体に加入しているか、または加入したことがあるか」「あなたが現在加入している、または加入したことのある団体、会、クラブ、協会等の名称と所在番地を明記する」ことなどといった質問欄があり、事実に反した記述をした場合は処罰されるとされていた。Aさんら一三名は思想、信条の調査だとして提出を拒んだため、パスの発行が停止された。

❖沖縄人権協会による諸決議

米軍の圧政による無権利状況の中で、人権協会が沖縄の人権獲得と擁護のため広範囲に行動した足跡がうかがえる。要請・抗議決議の数かずがそれを示している。

・外人事件に対する民警の捜査、逮捕権の拡大についての要請　一九六七・二・二二

・渡航制限の撤廃に関する決議　一九六七・二・二二
・教員の政治活動を制限する目的の教育公務員二法案に関する決議　一九六七・二・二二
・嘉手納村および宜野湾市における燃料流出の完全防止とその損害に対する完全補償についての要請　一九六八・一・二五
・本土・沖縄間の自由往来制限の廃止方についての要請　一九六八・一・三一
・中野好夫氏に対する旅券発給拒否に関する抗議要請方についての陳情と抗議決議　一九六八・四・三〇
・中野好夫氏に対する旅券発給拒否についての抗議　一九六八・五・二
・B52撤去、原潜寄港阻止要求決議　一九六九・一・三
・沖縄県民の国政参加に関する要請　一九六九・一・一三
・売春防止法の立法要請　一九六九・二・二四
・労働運動の抑制をねらった「総合労働布令」の即時撤廃についての要請　一九六九・五・八

4　「世替わり」直前の人権状況

❖ベトナム戦争末期の沖縄─依然として前線基地

一九六〇年代終わり以降の沖縄は、「七二年施政権返還」が決まり、沖縄の日本復帰、いわゆるアメリカ世《ゆー》からヤマト世への「世替わり」（ユーガワイ）直前の「激動期」にあった。同時に、この時期は、ベトナム

戦争の末期にあたる。最盛期の一九六七年初頭には兵力五〇万人以上がベトナムに投入され、当時、アメリカの軍事支出は、沖縄経済および日本経済に「ベトナム特需ブーム」と呼ばれる好景気をもたらした。

しかし他方、多額の財政支出はアメリカ経済の衰退を招き、ニクソン大統領はベトナムからの「名誉ある撤退」を掲げざるを得なくなる。しかし軍事政策としてみれば、南ベトナム自身による自国の防衛を期待する「ニクソン・ドクトリン」で戦争の担い手を拡大しつつ、安保条約の沖縄への適用によって「本土の沖縄化」をはかり、在日米軍基地機能の強化を企図していた。

いずれにしても沖縄は、依然、前線基地としての役割を負わされ続けていたのである。死に直面した絶望的な緊張感のために、道義心を失いがちな米兵の犯罪・事故が多発し、重大な基地災害・事故の危険性は増大していた。これらのことはとりもなおさず、沖縄人権協会第一〇回定期総会（一九七〇年九月一二日）のテーマ「侵される沖縄の人権」状況を示すものであった。

この時期にいかに多くの事件・事故が起こったか、めぼしいものを列挙すると、B52墜落・爆発、原子力潜水艦によるコバルト60汚染、毒ガス移送、基地従業員の大量解雇、女子高校生刺傷事件、糸満女性轢《れき》殺事件、コザ暴動、ドル・ショックなどがある。こうしたなかで、復帰を闘いとった根源的な力として、沖縄県民を中心とした日本国民の祖国復帰運動（沖縄返還運動）の高揚があった。

まず、B52墜落・爆発事故とそれへの民衆側のすばやい対応を取り上げることにしよう。なお沖縄人権協会の活動については、それぞれの関連箇所で触れることにする（資料は沖縄人権協会『人権擁護の歩み4号―一〇周年記念特集』一九七一年六月刊を使用する、以下『歩み』と略す）。

■B52爆発事故と民衆運動の高揚

占領下で初めて実施された琉球政府の行政主席選挙で屋良朝苗当選の九日後、一九六八年一一月一九日早暁、嘉手納空軍基地でB52核戦略爆撃機が離陸に失敗し、墜落・爆発した（一一月二日には着陸時、芝生に突っ込む事故も発生）。同日、嘉手納村民大会には五千人が結集し抗議した（福木詮『沖縄のあしおと』岩波書店、以下『あしおと』と略す）。

翌二〇日、アンガー高等弁務官は更迭され、後任にはランパート中将が任命された（着任は六九年一月二八日）。ここで二〇日の『琉球新報』による知花《ちばな》弾薬庫の「核貯蔵」報道によって、米軍基地の「核付き・自由使用」返還の危惧が住民のあいだに一挙に広まる。

一二月七日、「いのちを守る県民共闘会議」が一四一団体で結成され、まさに「島ぐるみの共闘組織」となった。以後、同会議が決議した「二・四ゼネスト」は実施されなかったものの、沖縄住民のあいだに、日米両政府が進めようとしている「返還協定」への反対機運を急速に高めていく契機となった。

民衆運動の側は、日米両政府のいう「核ぬき・本土並み返還」に対して、「即時無条件全面返還」を対置するようになった。沖縄県祖国復帰協議会が「沖縄の即時無条件全面返還を要求する決議」を採択し、これを内閣総理大臣、衆・参両院議長あてに送付したのは、一九六九年三月二二日のことである。

また、四月二八日には、祖国復帰要求県民総決起大会が那覇市の与儀公園で開かれ、約一〇万人が結集した。同日、東京でも中央大会が開かれ、復帰協は三〇〇人余の代表を派遣、約一三万人が集まった。この日は、全国四五都道府県、二五三カ所で「沖縄集会」が開かれた。

■噴出した民衆のマグマ—糸満事件とコザ暴動

・金城トヨさん轢殺と無罪判決

一九七〇年九月一八日夜、糸満町（現糸満市）で歩道を歩いていた金城トヨさんを、酒気帯び運転のアメリカ兵がはね、即死させた。車は電柱にぶつかって止まっていたが、地元住民は長い経験から事故車を金城さんの初七日まで現地に保存して、正当な判断を要求した。アメリカ軍占領支配下では、沖縄側にはアメリカ兵の逮捕権も裁判権もなかった（これを「治外法権」という）。住民のこのような抗議行動にもかかわらず、三カ月後の一二月一一日にアメリカ海軍上級軍法会議は、この米兵に無罪判決を下した。

復帰協は、糸満町の米軍凶悪犯罪糾弾協議会と共催で、一六日に抗議県民大会を開き、デモ行進を展開した。人権協会・金城睦《ちかし》事務局長は裁判に先立つ一二月七日、糸満町米軍凶悪犯罪糾弾対策協議会と面談し、一五日人権協会臨時理事会を開催、一六日「金城トヨさん轢殺事件無罪判決抗議県民大会」で意見発表を行った（『歩み』）。

『あしおと』がいうように、「沖縄側の証言は一切採用されず、証拠不十分で無罪となった。糸満署の証拠も無視された。酔っぱらい、スピード違反による重過失の証拠をＭＰ（憲兵）らはピストルで脅迫していち早くもみ消そうとし、これが失敗に終わると裁判の形式によって事実を葬り去った」のである。

相互の親善、理解をめざして作られた琉米親善委員会で、米側から指名されて傍聴した自民党の上原重蔵議員は激しい口調で、「人命軽視は明白だ。今後の米人事故に悪例を残してしまった。裁判移管を政治問題として解決する以外に道はない」と述べた。米軍は単純な人権侵害だけでなく、軍隊秩序維持のための軍事法廷の名で沖縄住民への人権侵害を構造的に追認したのだった。陪審員となった七人の米兵は沖縄軍事支配の論理をもっとも忠実に履行したのだった（『あしおと』二九五〜六頁）。

「糸満の事件は、住民側のねばり強い創造的で組織的な抗議とこれに対する米軍の徹底した軍事支配者の論理の貫徹によって、一九七二年施政権返還への甘い期待や『国政参加』による沖縄支配の改善などがありえない、ということを典型的に示すものであった」（『あしおと』二九一頁）。

なお最近の報道によれば、糸満事件の無罪判決は「誤審」だったという米国民政府法務局作成の機密報告書を、沖縄県公文書館が米国立公文書館から入手した（琉球新報二〇一二年一月三日、沖縄タイムス一月五日）。

二〇一二年一月五日の琉球新報の社説は機密報告書について、「日米安全保障体制の維持を至上命題に連鎖してきた密約と情報隠しの深い闇には、相通じるものがある。基地被害を受ける住民の人権軽視と米国益を最優先する日米の統治手法が表裏をなし、米国に唯々《いい》諾々《だくだく》と従う『自発的従属外交』が露呈した。今の沖縄問題にもつながる」と述べている。

軍事基地をめぐる「沖縄差別」の源流には、米国政府の独善主義と、日本政府の異常な対米従属姿勢とが併存しているのである。

・コザ暴動（またはコザ「反米騒動」）

糸満の轢殺事件無罪判決から九日後の一九七〇年一二月二〇日未明、嘉手納基地の第二ゲートに近いコザ市胡屋《ごや》で、ひとりの日本人を自動車ではねたアメリカ兵を、事故処理に当たったアメリカ軍憲兵が被害者を放置したまま、例のごとく釈放しようとした。事故を目撃し、ことの成り行きを見守っていた通行人や付近住民、それにタクシーの運転手らは、このやり方に憤激し、憲兵に抗議した。憲兵は、民衆に「立ち去れ」と命令したが、抗議する人の数はみるみる増えていき、投石するものも現れた。

これに対して、十数人の憲兵が威嚇《いかく》射撃を行ったことを合図に、民衆の怒りは逆に火に油を注がれた形となり、騒乱状態になっていった。民衆は、駐車中の米人車輌だけでなく、走行中の米人車輌も止めて火をつけるという激しさであった。民衆はしだいに行動範囲を広げ、基地のゲートにも入り込んだ。また、空軍人事部の事務所やアメリカ人学校にも火がついた。

アメリカ軍は、ついに五〇〇人の武装兵をくり出して催涙《さいるい》弾を発射したり、消防車を出動させて放水したりしたが、決定的な鎮圧まではできない状況であった。騒ぎは午前七時すぎに納まったが、警察本部の調査によれば、自動車六五台が焼かれ、四台が破壊された。

人権協会・金城睦事務局長の談話は、以下のとおりである。

「人権感覚のあらわれ。たとえば山谷《さんや》事件。人間として扱われない労働者が人間回復を叫んで立ち上がった。暴動とか騒動とかは、その社会で正義が実現されないとき、不正が横行するときに起こるものだ。**糸満と同じようになるぞ！** という民衆の素朴な人権感覚、正義感がこのような形で現れた。……責任は為政者にある」（『歩み』一九七〇年一二月二一日）。

最終的には、人権協会による弁護士会への要請や県民の運動によって、この事件には騒乱罪は適用されず、一〇名の放火犯が逮捕されて終結した。

❖復帰直前の経済生活

■軍事優先政策の限界――「八重山の台風禍」人災論

一九七一年九月、一八〇日間の干ばつの後、宮古・八重山を襲った台風はキビなど農作物に壊滅的打撃をあたえた。被災農家は、それが「人災」――灌漑《かんがい》施設もなく台風対策もないまま放置された結果――であるとして、「八重山　災害補償要求直訴団」を結成し、一〇月二七日、「生きるためのぎりぎりの権利の主張」として、日本政府沖縄北方対策庁沖縄事務局前で援助要請を行った。

「闘わなければ餓死がまっていた」（阿波根昌鴻『命こそ宝』岩波新書）という一九五〇年代の伊江島と同じ状況が、一九七一年に起こっていることに注意すべきである。これはアメリカの「軍事優先政策の限界」、すなわち民生部門を貧困のまま放置する政策の結果を典型的に示すものと言えよう。宮古地方も同様な状態であった。

■琉球政府の経済開発構想と外資導入

復帰を控え本土との経済格差を是正するための経済開発計画（構想）が策定され、外資導入がはかられた。

・「長期経済開発計画」の策定

一九七〇年九月七日、琉球政府は『長期経済開発計画』を策定して発表した。アメリカ軍政下で遅れていた産業・生活基盤の整備を早急に行い、本土との格差是正をめざすものであった。なかでも「特徴的なことは、工業化を中心に第二次産業の拡大をはかり、もって消費経済といわれる産業構造を改善し、県民所得を引き上げようとする点にあった」（琉球銀行『戦後沖縄経済史』）。

・駆け込み的な外資導入の承認

このような経済政策とも関連して、外資の導入が承認されていった。石油精製やＣＴＳ（石油備蓄基地＝Central Terminal Station）では、ガルフ・オイル・コーポレーション、エッソ・スタンダード・イースタン、カルテックス・ペトローリアム・コーポレーションの三社、セメントのカイザーセメント・アンド・ジプサム、そしてアルミ精錬のアルミニウム・カンパニー・オブ・アメリカ（アルコア）などである。このころから、人びとの公害に対する関心や懸念がしだいに高まってきて、その反対運動との摩擦が起き、また日本政府の外資導入制限政策とも関連して、たとえばアルコア社の進出断念など、揺れ動いていく。

・沖縄国際海洋博覧会開催の決定

一九七一年一〇月、閣議で沖縄海洋博の一九七五年開催が決定され、琉球政府は推進本部を設置した。海洋博はのちに、「観光開発の起爆剤」として位置づけられた。こうして本島東海岸の臨海工業化と西海岸の観光化による、米軍基地を前提にした沖縄本島の経済開発構想が浮上するようになった。

❖ドル・ショック—沖縄の物価上昇と所得目減り

一九七一年八月一五日、ニクソン米大統領は、アメリカ経済の不況克服のため金ドル交換停止など八項目の景気対策を発表した。これによって戦後の国際通貨体制であるＩＭＦ（ブレトンウッズ）体制は崩壊し、金の裏付け（しばり）をなくしたドル紙幣は、世界貿易の決済に必要な通貨量以上の過剰な（投機）マネーとしてアメリカから諸外国に流出し、ドルの減価を引き起こした。その結果、世界的な金および一次産品の価格騰貴を招き、「オイルショック、原油価格の四倍引き上げ」（一九七三年一〇月）を引き起こし、先進工業国のスタグフレーション（不況下の物価高）を勃発させた。他方では、国際金融制度が固定レート制から変動相場制へ移行し、以後、為替の変動、それを利用した多国籍企業による金融面での投機行動が、各国の経済・財政に大きな影響をあたえるようになった。

ドルの減価は、ドルを使用していた沖縄経済圏域を直撃し、物価の全般的上昇（七二年二月には、前年同月比八・一％と戦後最高の物価上昇率）と所得の目減りによる生活難をもたらした。インフレーションによる物価の全般的上昇の影響は、底辺層（消費者だけでなく自営・零細業者も含む）ほど打撃が大きいことはいうまでもないが、だれにでも一様に市場現象として目に映った。消費生活過程（端的には台所）をあずかる主婦の諸団体によって、その原因・経過・結末などが具体的・系統的に調査された。暮らしの問題への女性・主婦の具体的な取り組みとして注目される。

個人所得の目減りについては、七一年一〇月九日の一回の調査で確認された個人預貯金のみの為替差損補償——それも一ドル＝三六〇円の固定相場時代に実勢レート三〇五円（五五円の為替差損発生）で復帰後支払われるという不十分なものであった。これについては、七二年二月の沖縄地方同盟統一ストを皮切りに、沖縄県労働組合協議会など組織労働者が取り組みをみせた（『あしおと』四一三〜五頁）。

❖憲法の下への復帰と返還協定との乖離《かいり》

■沖縄人権協会の立場

沖縄人権協会理事長・比嘉利盛は『人権擁護の歩み4号―一〇周年記念特集』の「発刊にあたって」で、結成一〇年間を振り返りながら、人権協会の立場と課題を次のように述べている。

「沖縄県民は、日本国民として、日本国憲法が保障する基本的人権を享受しうる当然の権利があり、沖縄県民の人権擁護はわれわれの義務であります。……沖縄における人権侵害の主要な根源が祖国からの分断とそれに伴う異民族の軍事支配にあり、……その終局的解決は祖国日本に復帰する以外にはありえない」と述べるとともに、沖縄人権協会の課題を「職業、性別を問わず、超党派で総力を結集して、沖縄一〇〇万県民の人権を守り、平和で、豊かな、民主主義の確立された社会環境をつくるため、今後も一層の努力をしなければなりません」

ここで注目したいのは、第一に沖縄の人権侵害の主要な原因が、日本国憲法適用下にある日本本土と分断され、アメリカ政府による軍事優先の専制支配下にあるためだとし、その意味で祖国＝日本国憲法の下への復帰が、人権侵害克服の終局的解決に結びつくとしていることである。

第二に人権獲得の目的は、「平和で、豊かな、民主主義の確立した社会環境の創造」にあるとした点に注目したい。たとえば、安保条約廃棄をめざす政府を樹立することによって平和的に基地を撤去（封鎖）させ、基地から派生する人権侵害の解消をめざすうえで、「平和で、豊かで民主主義の確立した社会」をいかに具体的にイメージし創造するかという課題はきわめて重要であるが、その課題とセットで人権問題が論じられていることである。沖縄においては人権獲得の運動は、沖縄の軍事基地撤去後の「基地なき社会」の実現・

創造をめざす具体的な人権概念として意識されているのである。

第三に「老若男女の全住民的取り組み」が、沖縄における人権回復の道だとしていることである。ここで平和憲法の理念の実現という運動目的が、「平和的な手段」を要請し、しかも「ゲリラ戦法」ではなく「県民ぐるみの大集会・行動」が、「復帰」を現実に可能にしたことは注目されるべきである。

■返還協定のもくろみと「日本復帰―憲法理念の実現」の潮流

まず、施政権返還協定（一九七二年五月一五日発効）第一条は、「アメリカ合衆国は（サンフランシスコ講和…引用者）条約第三条の規定に基づくすべての権利及び利益を、この協定の効力発生の日から日本国のために放棄する」と記す。これは当然の結果であり、沖縄県民の祖国復帰運動を中心とする日本国民の沖縄返還運動が闘いとった成果である。

しかし、協定は続けて「日本国は、同日に、これらの諸島の領域及び住民に対する行政、立法及び司法上のすべての権利を行使するための完全な権能及び責任を引き受ける」と言う。

そしてこの「責任」のなかに、琉球政府や大多数の沖縄住民が認めることのできない内容――「アメリカ軍基地の温存と自衛隊の配備」が含まれていたのである（同協定第二条「沖縄への安保条約・同協定の適用」）。これは、平和憲法の命題とは、真っ向から敵対するものである。こうして「世代わり」＝「施政権返還」の側面は、いくつかの日米秘密協定によって住民をあざむきながら、沖縄の日米共同管理体制をめざすものであることが明白になった。

復帰当日の米軍基地には、前日までの星条旗とならんで日章旗が掲揚され、二つの国旗が風にはためく光景があらわれた。日米両政府のねらい所の一つ、「基地の『共同』管理」を象徴的に示すものであった。

しかし、「沖縄の日本復帰――憲法理念の実現」の潮流はだれにもとめられなかった。復帰によって、渡航制限はなくなり本土との交流は自由になった。それが文化、スポーツ、芸能などにプラスの影響を与えることは誰の目にも明らかであった。

また、日米安保条約とともに地位協定が沖縄に適用されることによって、米兵による沖縄県民への犯罪は、復帰前よりも減少することが予想されている（金城秀三・琉球大学教授ほか五名の座談会「復帰後の人権擁護の課題と展望―十年間の人権擁護の歩みをふり返りつつ」『歩み』六三～七四頁）。

二〇一一年一二月二二日に公表された「沖縄返還に伴う民事関係基本問題」（七〇年一月一九日付）と題した外務省・部外秘の文書に添付された統計によると、一九六四年から六八年（ベトナム戦争期）の米軍人・軍属による犯罪発生件数は五三六七件にのぼり、うち殺人や強盗・放火、強姦などの凶悪犯罪は五〇四件（摘発率は三三・六％）であった。六四年の犯罪は九七三件（凶悪犯罪七七件）、二〇一〇年の沖縄県内の米軍人・軍属らの犯罪件数は七一件で、その数は現在の一四倍にも達する（琉球新報二〇一一年一二月二三日）。

この事実を確認することは重要である。これは、「完全な治外法権」で保障された米兵の特権的地位を幾分なりとも低下させ、復帰前の沖縄の人権状況に比べて半歩前進といえるからである。これに依拠して、一層の「民の論理」の強化（憲法九条の実現）が必要であり、「軍の論理」の一掃、つまり基地の完全撤去・閉鎖をめざしつつ、その包囲網をせばめていく運動――地位協定の改正＝軍事基地とその活動の結果にかかわる米国内とのダブルスタンダードの解消が課題となろう。

また先述の座談会で、復帰後の課題として「復帰前には脱落していた一番基本的な生存権（憲法二五条）の問題、たとえば売春問題、母子福祉の問題精神障害児等の解決」が、外間米子《ほかまよねこ》（婦人有権者同盟）から提起され、それを受けて経済開発のあり方についても議論されている。

このように見てくると、基地の存在を前提とした開発から、生存権を保障するような地域循環型・福祉実現型の地域開発の実現が課題となっていることがわかる。このような開発の方向は、憲法九条（平和主義）と二五条（生存権）とを車の両輪とすることによって可能となろう。その意味で「沖縄の、憲法のもとへの日本復帰」の流れはさらに進んでいくであろうし、また進んでいかざるを得ないのである。

中原　俊明【なかはら・としあき】：一九三五年生まれ、琉球大名誉教授。中央大学法学部、サザン・メソディスト大比較法学修士課程修了。専攻は企業法。著書『米国における企業の社会的責任論と法的課題』（三省堂）ほか。

平良　修【たいら・おさむ】：一九三一年生まれ、日本キリスト教団牧師。東京神学大学大学院修了、元沖縄キリスト教短大学長。著書『沖縄にこだわり続けて』『小さな島からの大きな問い』（共に新教出版社）ほか。

今村　元義【いまむら・もとよし】：一九四三年生まれ、群馬大学名誉教授。早稲田大学商学部、同大学院博士（単位取得退学）、元琉球大教員。専攻は経済学。著書『現代日本の経済論』（共著、日本経済評論社）『経済政策論を学ぶ』（共著、有斐閣）ほか。

第Ⅱ章コラム❶

◆アンガー高等弁務官就任式での祈り

平良　修

米軍統治下の一九六六年一一月二日、ズケラン米軍基地内のバクナー劇場で第五代高等弁務官フェルディナンドT・アンガー陸軍中将の就任式が行われた。

当時沖縄キリスト教団牧師であり、沖縄キリスト教短期大学学長であった私は、琉球米国民政府の依頼を受けて就任式に招かれ、プロテスタント教会の立場から自由祈祷をささげた。式典は米国大統領が就任式で聖書に手を置いて宣誓するように、高等弁務官就任式もキリスト教風に行われるのが慣例だったようである。

米軍統治下の沖縄には米国政府派遣の高等弁務官がおり、軍民を絶対的に支配していた。一九五七年から日本復帰の一九七二年にかけて六名の高等弁務官が在任した。後で聞いたところによると、それぞれの就任式にはプロテスタント教会とカトリック教会から一人ずつ牧師・司祭が招かれ、高等弁務官のための祝福の祈りをささげたとのことである。

それでは、なぜ私が？　想像するに、私が米軍教会から奨学金を貰って神学校を卒業したこと。卒業後に赴任した嘉手納基地第二ゲート近くの教会で、親米的な教会形成をしていたこと。それに米国留学から帰沖したばかりで英語に通じることなどが推薦の理由ではなかっただろうか。

しかし私は米国留学中の自己変革の体験を通して、米軍によって足を踏みつけられ苦悩している沖縄同胞とともに生きようと変革していたのである。私を推薦した琉球米国民政府は、そのことを知らなかったのだ。

文法上の誤りがあってはいけないと英文祈祷の原稿を事前に読んでもらった短大の米人教師（宣教師）は、「自分は米軍教会と沖縄教会の親善の橋渡し役を務めているのに、平良さんの祈りはそれに冷や水をかけるようなものだ」と強く難色を示したが、私は譲らなかった。祈祷が私の職場に厳しい結果を及ぼすかも知れないとの危惧はあったが、私はあえてそれを事前公表せず、私的行為として実行した。

ステージ上の私には何の畏れもなかった。自分の信仰と良心に恥じない祈りを祈る平安が私にはあった。

式典には祝祷の祈祷者としてカトリック教会司祭ジョセフS・三浦氏も参列した。ステージには新高等弁務官のほかに、新高等弁務官を紹介し認証状を朗読するジェラルド・ワーナー琉球米国民政府民政官、立会人として琉球政府行政主席の松岡政保氏が並んだ。

米国国歌吹奏の後、私は英日両語で「世界に一日も早く平和が築きあげられ、新高等弁務官が最後の高等弁務官となりますように」と祈った。そしてさらに、「主イエス・キリストが生命をかけて愛しておられる沖縄の一〇〇万住民の尊厳の前に、新高等弁務官をして深く頭を垂れさせてください」と。

綺羅星《きらぼし》のように式場を埋めていた米国、沖縄の代表とマスコミはざわめき立った。「最後の高等弁務官たれ」との公祷に、沖縄内外の世論とマスコミは「沖縄民衆の切実な生の声」として大きく報道し、強い賛意を表した。とくに沖縄住民からの支持は圧倒的だった。ある人たちは、米軍統治に反対する立場から、私の祈りだけでなく、就任式そのものを拒否した。

米国系のマスコミは「祈りの形を使った政治的発言」と揶揄《やゆ》した。琉球米国民政府は、「祈祷」への共感・支持を示す民意を刺激することを避けて、事態を黙殺した。

私の身の危険を案じて「平良牧師を守る会」を結成しようという仲間たちがいたことも、後で知った。

ちなみに「最後の高等弁務官」になったのは、一九六九年に就任した後任のランパート中将であった。

第Ⅱ章コラム❷

◆毒ガス移送問題

今村　元義

事件の発端は一九六九年七月一八日、「ウォール・ストリート・ジャーナル」の記事から始まる。同紙は、沖縄にGB・VXなどの致死性の猛毒ガスが配備されていること、七月八日にこれらの毒ガス部隊でGBガス（神経ガス）漏れ事故があって二四人のアメリカ兵が被害を受けたことを報じた。

七月二一日、屋良琉球政府主席はアメリカ民政府のカーペンター民政官と会見してこの事実を確かめるとともに、その撤去を要求した。復帰協、原水協、革新諸政党も抗議声明を発表し、七月二九日には「毒ガス即時撤去要求県民大会」を開催した。

屋良主席は当時を次のように回顧している。

「問題発生から一年半たった一九七一年一月一日、ランパート高等弁務官は、毒ガスを太平洋上のグアム島に近いジョンストン島に移すと通告してきた。だが、ジョンストン島の弾薬庫は建設中なので、全量を一度に運びだすことはできない。とりあえずマスタードガス一五〇トンだけを、一月一〇日から一二日の間に搬出するという計画だった」

「第一次移送が終わって間もなく、米軍は、残り一万二八五〇トンの毒ガスを、七月中旬から搬出するといってきた」。住民地域を避けるためコースを変更し、そこに道路を建設すること、「軍民対策合同委員会」の設置、一二人の専門委員会の設置、住民の避難とその対応をすすめた。「移設開始は七月一五日と決まった」「待ちに待った作業最終日の九月九日、ランパート高等弁務官や高瀬大使らと最後の移送を見守った。報道陣や住民も沿道に出て固唾をのむ中をトレーラーの列は進んだ。その後から、大島［渉外広報］部長らが厄払いの塩をまいた」（『屋良朝苗回顧録』朝日新聞社、［ ］内は引用者挿入）。

『人権擁護の歩み4号—一〇周年記念特集』は、表紙に防毒面をつけた記者たちの図柄をかかげ、写真ページでは、「日米両語で、赤文字で『爆発物』(explosive)、青文字で『毒』(poison)」という「恐怖のステッカー」を前後・左右につけたトレーラーによる移送場面(一九七一年一月一四日)と防毒面をつけた記者たちの移送訓練状況(一九七一年一月一〇日、ハンビー飛行場)の写真を見開きで掲載している。

そして北美小学校六年、神田美智子さんの「恐ろしい毒ガス」という詩を紹介している。

「毒ガス」ということばを聞いただけでも胸がつまる。/その恐ろしい毒ガスが私達のすんでいる沖縄にあるという。/人間でおそろしいものだ。/毒ガスをつくったのは、この私達人間。/人間がつくった毒ガスは、人間を殺すためのものだったのだろうか。/この毒ガスがもれた場合、私はどうしたらいいの、と考える。/よるねるとき、ねどこで毒ガスのことを思いだす。/毒ガスのことで頭がいっぱいだ。よるもねむれない。/学校へ行っても、先生が毒ガスの恐ろしい話をする。/家に帰っても、新聞をひらいても、毒ガスとすぐ目につく。/毒ガスと書いたふとい字をみつめているとふるえてくる。/どこへいっても毒ガスの話ばかりするのはいやだ。/私はいつもこんなことで胸がいっぱい。/先生は、子どもは心配しないでいいという。/でも、私はしないということはできない。/一日も早く毒ガスがなくなり、いつでも平和で、いたいと思う。/平和でいたいということは私ひとりではない、ひとりひとりの人がそう願っていると思う。(/は改行)

ちなみに毒ガスを含む化学兵器は、国際条約によって、一九〇七年および一九二五年に使用を禁止されている。一九七〇年六月二九日、アメリカ上院は「毒ガス移送法(グラベル法)」を可決し、米本国への毒ガス持ち込みを禁止した(中野好夫・新崎盛暉『沖縄・七〇年前後』岩波新書)。

このことは、国際的に「使用を禁止されている毒ガス」の「移送」に関して、米本国とほかの地域との間にダブルスタンダードが設定されたことを意味する。

第Ⅱ章コラム③

◆黙認耕作地

永吉　盛元

沖縄の土地の広大な部分が米軍の基地となっているが、基地といっても、普天間基地や嘉手納基地と違い、比較的軍事演習や利用の緩やかなところもある。読谷《よみたん》補助飛行場がその一つであった。周辺の住民がその土地を畑として利用し、米軍の演習のない時を見はからってサトウキビや野菜を作って暮らしを立てている。

このような軍用土地のことを「黙認耕作地」という。

米軍は占領当初、住民を各地の収容所に集め保護していたが、一九四五年八月一五日の終戦を機に、次第に住民を収容所から元の住所に移し、畑を耕作し、自立した生活を認めるようにした。

一九四五年一〇月二三日に、米軍は海軍指令第二九号（旧居住地移住の計画と方針）を発布し、住民たちを本来の自己の住所地に移し、建物を建てて住むことを認めた。そして生活の自立を求めて土地を耕作することを許した。生活のために耕作する土地を割り当てることもした。耕作地の割り当ての作業に、米軍は「住民委員会」を設立させ、委員会に任せることにした。このようにして割り当てられた土地に、後日、真の所有者が現れた場合は、耕作している者はその真の所有者の権利を侵害してはならないとした。

しかし一九五一年四月一六日、米軍（琉球列島米国民政府）は特別布告第四号「土地所有権について」を発布し、所有権のない者が耕作している土地を、所有者（旧地主）はその立ち退きを求めてはならないとした。

読谷補助飛行場は、米軍が沖縄本島読谷村に上陸すると同時に作りあげたものであるが、それ以前は日本軍の飛行場であった。そこを米軍が拡大整備したものである。

日本軍は沖縄戦にむけて県内に多数の飛行場を急ごしらえしている。読谷飛行場をつくるために各地主からその土地を買い取っているが、地主のなかには売買代金の全額の支払いを受けていないとか、代金は強制的に預金させられたなどの不満もあった。

沖縄が一九七二年に本土復帰することで、日米安保条約と日米地位協定によって、その使用目的を「補助飛行場及び訓練場」として米軍に提供された。長年、米軍のパラシュート降下訓練基地として使用されてきた。

読谷村は全面積の四六・九％が米軍基地で、公共の施設などの用地が少ない。読谷村は米軍に対して軍事演習の即時中止を、日本政府に対しては同飛行場の返還（払下げ）を強く求めてきた。その結果、二〇〇七年同飛行場の払下げと、一部は賃貸借するかたちで、事実上、基地の返還を勝ち取った。

一九五九年二月、米軍は高等弁務官布令第二〇号「賃借権の取得について」を発布し、「合衆国に緊急な必要がなく、また琉球経済の最上の利益に合致するならば、合衆国はその規定した条件の下に賃借土地を一次使用する特権を所有者又はその他の者に許可することができる」とした。読谷補助飛行場はそれに該当し、いわゆる黙認耕作者が誕生したのである。

一九七二年五月の復帰後も、米軍基地内の黙認耕作は継続していた。その期間が一〇年を越える長期の耕作者が多く、サトウキビやその他の農産物を作って、生計を立ててきた。黙認耕作者は六〇〇人を超え、一〇〇〇人近いとも言われている。

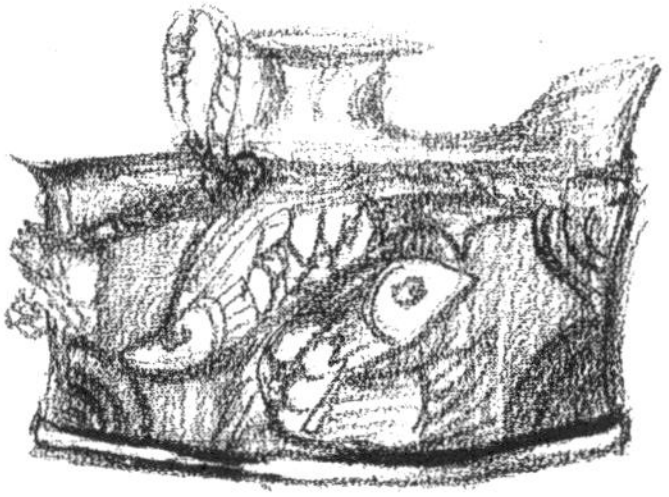

第Ⅲ章

沖縄返還と人権の新しい展開

＝1972年から79年

――――高良　鉄美

人権協会20周年記念シンポジウム「陽のあたらぬ人権に光を」（1981年12月）

一九七〇年代に入って最大の出来事は沖縄の日本への復帰である。この復帰によって日本国憲法が適用されることになったわけであり、沖縄の人権問題は大きく解決に向けて前進するものと思われていたが、復帰に伴って、沖縄に適用されたのは平和憲法だけでなく、安保条約もそうであった。復帰は大きな制度的転換であり、いろいろな問題が絡み合って、社会的混乱を含んだ複雑な様相を呈していた。その中でもとくに返還協定、密約問題、非核三原則などが、沖縄の将来に暗雲を立ち込めさせるような問題を含んでいた。

沖縄に日本国憲法が適用されたということは、基本的人権が保障されることになるはずであったが、復帰後も依然として人権侵害問題が多く発生しており、これらを含む憲法理念の普及のために沖縄県憲法普及協議会（憲法普及協）が設立された。この憲法普及協の設立も七〇年代の大きな出来事のひとつといえる。

復帰後の世代わりによっていきなり事態が改善されるというわけではなかった。差別、偏見、抑圧など人権侵害問題の裾野は広く、女性、子ども、基地労働者、環境など沖縄社会のあらゆる領域にまたがっており、逆に悪化して行った面も見られた。

1　沖縄返還と人権問題――日米安保体制下の沖縄

❖米軍基地の維持――公用地暫定使用法と日米地位協定

一九七二年五月一五日、県民が待ち望んでいた「平和憲法の下への復帰」が実現したが、沖縄復帰の内実は県民の希望とはそぐわないものであった。平和憲法の下への復帰は同時に日米安保体制への編入であった。もちろん、米軍統治下の沖縄では安保条約・地位協定、及びその下にある法制さえ適用されない状態であったため、沖縄県民の人権が蹂躙《じゅうりん》されたことが多々あり、それが安保条約・地位協定法制下で幾分改善される側面もあった。しかし沖縄における圧倒的な米軍基地の存在は、復帰後も続き、安保条約・地位協定下の不合理な規定の歪みは、沖縄に集中的に表れることになった。

沖縄の米軍基地を基本的に維持することが盛り込まれている沖縄返還協定は、日本政府の「核抜き本土並み」のスローガンとはほど遠く、県民の願った米軍基地の重圧からの解放は実現しなかった。「本土並み」とは、基地負担が本土並みということではなく、安保条約の適用が本土並みという意味であった。いずれにしても、復帰後も在日米軍基地が沖縄に集中している形になったのであって、安保条約のひずみが沖縄に集中し、とても「本土並み」という内容ではなかった。

米軍統治下で行われて県民の財産権を侵害してきた土地の強制接収は、安保条約に基づく日本の法制下で形を変えて存続した。沖縄の復帰直前に沖縄の米軍基地の確保について沖縄をターゲットにしていわゆる公用地法（沖縄における公用地の暫定使用に関する特別措置法）が制定された。これによって、沖縄における反基地や反戦の考え方に基づいて、復帰後は戦争のための土地使用には一切土地を貸さないとする地主（いわゆる反戦地主）らからも、無条件で米軍用地を継続使用することが可能となった。

序章でもふれたように同法は、法律名からして「沖縄」のみに適用される法律であった。一地方公共団体にのみ適用されるということのような法律は、憲法九五条によればその地方公共団体の住民による住民投票で、過半数の同意がなければ制定されないようになっている。しかし、同法を復帰直前に成立させたため、沖縄はまだ憲法上の地方公共団体になっていないということで、住民投票を回避させた形となった。ここに「沖縄県」ではなく、「沖縄」という語を使用した巧妙さがある。長年米軍基地の重圧にあえいできた沖縄住民の感情からすれば、住民投票において圧倒的多数で否決されることは火を見るより明らかであった。

同法は五年間の時限立法であったが、一九七七年には別の法律（いわゆる地籍明確化法）の附則によって五年間の延長が定められた。そして再度の期限を迎える五年後の一九八二年になるとようやく、安保条約・地位協定に基づく駐留軍用地特措法という法律で、米軍用地としての土地提供をしないという地主に対しても強制的に使用することができることに政府は気がついて、これを適用した。長期間お蔵入りしていた法律が、沖縄の米軍用地強制使用のために、生き返ってきたという現象が起こったのである。沖縄には復帰後は安保条約が適用されるのであるから、駐留軍用地特措法を最初から適用できるはずだが、それに気がつかなかったというお粗末な話である。

また、復帰直前のコザ暴動の引き金となった米軍の犯罪に対する裁判権の所在問題も、地位協定によって、公務中の犯罪については第一次裁判権が米軍に認められ、公務外でも日本側の好意的配慮による裁判権の放棄が合意されていた。沖縄での米兵による犯罪に対して、公務外であることが証明できるとしても、実際に裁判権の放棄が行われて、復帰前から問題となっていた米軍優位の裁判権問題は残ったままの状態であった。

❖沖縄返還協定、密約問題、非核三原則

■沖縄返還協定

沖縄の復帰に際して、沖縄の住民が望んでいたことは、日本国憲法で保障される基本的人権を日本国民として本土の人びとと同様に享受することであった。沖縄で起こってきた数かずの人権侵害の根源が米軍基地であることはすでに述べたところであるが、米軍基地を維持するとした沖縄返還協定の内容に対する県民の感情は、復帰には賛成するものの、返還協定には反対するという、外部からみると理解しにくい面もあった。一九七二年五月一五日、沖縄復帰記念式典が那覇市民会館で開催されているその横の与儀公園で、返還協定

反対の集会が開催された光景は、その象徴的表れであった。

そもそも沖縄返還協定は日米間の国際的取り決めの条約であり、沖縄側の締結手続きへの参加の有無は、効力発生に何らの影響も与えるものではなかったが、人権の保障や平和主義、民主的な手続きなどの憲法原理の視点からは問題がなかったとはいえないであろう。住民の要望とはかけ離れている返還協定に対し、沖縄の意見を盛り込んだ「沖縄復帰に関する建議書」が沖縄側から作成されたのは、協定があまりにも住民の意向を無視したものであったことを表していた。

一九六九年一一月二七日、沖縄の復帰が日米間で正式に決まった。平和憲法の下に祖国復帰をして沖縄の明るい未来を作っていこうということで、一九七〇年代は幕開けをすると思われた。まだ復帰は実際にはなされていなかったが、特別に沖縄から国会議員として代表を選出し、国政参加を一足先に行ったのである。沖縄選出の代表者が、日本の国権の最高機関から迎え入れられ、念願の国会の赤絨《じゅう》毯《たん》を踏んだ。

一九七一年には、返還協定と沖縄復帰関連法案の審議のための「沖縄国会」と呼ばれる臨時国会の開催があった。しかしながら、沖縄国会の内実は、沖縄を日米安保の核心部に強制的に巻きこむ日本政府の方針に、国会がお墨付きを与えるものでしかなかった。

七一年一一月一七日、衆院返還協定特別委員会は、沖縄選出議員らの予定質問を無視した形で、沖縄返還協定を強行採決した。一方、ちょうどそのころは、当時の屋良行政主席が、沖縄から最後の訴えという形で前述した「復帰に関する建議書」を携えて、羽田空港に到着したばかりの時間であった。

■密約問題、非核三原則

国会において沖縄に関わる重要な事件に、いわゆる「沖縄密約」問題がある。沖縄復帰前の国会質問において、沖縄返還に伴う経費で米国が日本に支払うべき原状回復補償費（金額四〇〇万ドル）を、日本政府が肩代わりする密約を結んでいたことが暴露された。沖縄復帰に絡んで日米間にそのような密約が結ばれたことが大問題であったが、外務省職員を国家公務員法の守秘義務違反で起訴し、密約の存在を暴いた新聞記者をも、それをそそのかした罪で起訴したのである（沖縄返還密約事件）。本来なら政府の密約こそが批判されるべきであるにもかかわらず、当時の日本国民の目は、政府・検察とマスメディアの誘導によって記者と職員の男女関係に注がれ、国家の密約は見逃されてしまった。

政府が沖縄復帰の問題を利用しながら、国民の目を盗んで密約を結んだのは、原状回復補償費の肩代わり問題だけではなかった。沖縄復帰の問題に絡んだもうひとつの密約は、有事の際の沖縄への核の再持ち込みに関するものであった。

「持たず、作らず、持ち込ませず」の非核三原則からすれば、持ち込みは許されないことになるが、重大な緊急事態が生じた場合には、米国が沖縄への核の再持ち込みを、日本側が認める旨の密約があったのではないかということである。

合意議事録の中には、沖縄返還までに沖縄からすべての核兵器を撤去することが明記されていたが、それとともに、きわめて重大な事態が生じた際、日本側との事前協議を経て、核兵器の沖縄への再持ち込みと、核を積んだまま沖縄を通過する権利を認める旨が記載されていた。密約なのか否かは別として、少なくとも当時、沖縄の嘉手納、那覇、辺野古の米軍基地が核貯蔵基地であることが示され、これらの基地をいつでも使用できる状態に維持し、緊急事態が生じたときには活用できるよう求めていた。

少なくとも非核三原則は、沖縄については守らないことが明言されていたのであった。

2　人権問題への新しい運動展開

❖軍事植民地から平和憲法の下へ

繰り返すが、沖縄復帰のスローガンは「平和憲法の下への復帰」であった。米軍統治下の沖縄の状況は、軍事的植民地支配と言われるような状況で、沖縄住民の基本的人権が侵害され、広大な米軍基地の存在と米軍の戦略によって平和を脅かされるだけでなく、代表者を国政に送ることもできずに自らの意向を反映するすべをもたなかった。まさに日本国憲法の基本的人権の尊重、平和主義、国民主権の三基本原理が実現されていない状態だった。

復帰運動そのものが平和憲法の理念の実現を求めていくものであった。県民を挙げて行われたこのような運動の盛り上がりが、沖縄復帰を実現したといえるであろう。

❖復帰協から憲法普及協議会へ

沖縄県の誕生によって、念願の復帰が現実となった。それまで復帰運動を中心となって担ってきた沖縄県祖国復帰協議会（復帰協）は、そのまま存続するのか、役目を終えて解散するのか、あるいは別の形で存続させるべきなのか、議論が噴出した。

復帰の内実を見れば、県民の求めた真の復帰が実現されたとはいえないという点では認識はある程度一致していた。要は原状の復帰協の組織で運動もそのまま継続発展させるかどうかであった。不十分ではあるが復帰が実現した以上従来の復帰運動をそのまま継続するのは困難であり、復帰後は初めて適用される憲法の課題を追って、憲法の精神を実現していこうという理念の下、沖縄県憲法普及協議会が創られた。

憲法普及協は、日本国憲法の原理と精神を普及し、その実現をはかることを目的にした団体で、県民一人ひとりの生活に憲法の精神が生きたものになるようにするために、また世界の平和に貢献するために、憲法を護り、育てる活動を行っている。

憲法普及協は復帰直前の一九七二年四月二四日に、それまで復帰協に参加していた団体が協議をして作られたものであった。しかし、復帰が運んできたものは怒涛のような本土化の波であり、参加団体も本土系列化が進んで、産声を上げたばかりの憲法普及協に手をかけながら育てていく関わり方ができない状態であった。憲法普及協は、復帰前から沖縄人権協会が中心となって行ってきた憲法講演会の開催など、憲法の普及啓蒙を主な活動として行っている。

復帰前の人権問題に対処し、解決を図ることを主な活動としてきた人権協会に、憲法理念や人権思想の普及を目的とする憲法普及協が助っ人として加わった。人権侵害問題は憲法問題であるとともに、憲法理念の普及を行うことで、人権意識を高め、ひいては人権侵害の予防になるという関係にある。沖縄の人びとの暮らしの向上を図っていく市民団体としては、車の両輪のような関係にあると考えられ、いろいろな声明を発表する際にも協力して行うことが多い。

3　返還で変わらぬ基地と人権

❖米軍犯罪と裁判権

復帰前の沖縄住民の懸案は、広大な米軍基地の存在から派生するさまざまな問題であった。復帰後、大幅な縮小もなく維持されることになった米軍基地の存在は、米軍犯罪による被害を県民に強いつづけた。復帰で平和憲法が適用され、米軍基地の縮小があり、米軍犯罪が減少するという期待は早くも崩れていった。

復帰から約四カ月。九月二〇日に、キャンプ・ハンセンで、ベンジャミン上等兵が、同上等兵の部屋で靴を磨いていた栄野川《えのかわ》さんを、ライフルで射殺した事件が発生した。一〇ドルがなくなっているとして栄野川さんを疑い、口論となったあげくのことだった。

復帰後であるから、地位協定が適用され、裁判権が問題となった。警察はベンジャミンが公務中でなかったとして米軍に身柄引き渡しを要求したが、米軍は公務中であるとして応じなかった。最終的に公務中ではなかったとして、日本側に引き渡され、起訴されたが、心神喪失で無罪となった。米兵が犯罪を犯しても軍事法廷で無罪となってやりきれなかった復帰前の状況を、否が応でも思い出させるものであった。

一二月一日には喜屋武《きやん》さんが米兵ドイルに暴行され、絞殺される事件が発生した。これも復帰前に多発した米兵による婦女暴行殺害事件を思い出させるもので、復帰とは何だったのだろうという思いをだれもがかみしめた。

翌七三年に入り、四月一二日に安富祖《あふそ》さんが米軍戦車に轢殺《れきさつ》される事件が発生した。公務中で第一次裁判権は米側にあるということで補償の問題として取り扱われた。しかし補償額がどうであれ、県民の人権が蹂躙《じゅうりん》されている状態は、復帰前と変わりがなかった。

地位協定が適用されるようになっても、裁判権問題などについて県民が望んでいた人権蹂躙の解決へ向けた取り組みに関して、期待はずれの対応が復帰四〇年の現在まで続いている。

❖自衛隊配備問題

復帰によって入ってきたものは、県民の求めてきた平和憲法の適用だけではなかった。中には憲法理念実現とはかけ離れたものもあった。自衛隊の沖縄配備である。広大な米軍基地に加え、さらに自衛隊基地をも県民に負担させる。日本政府は、復帰一カ月前の四月一七日の国防会議（当時。現安全保障会議）で沖縄への自衛隊配備を決定し、その第一陣が七月に配備された。それ以降本格配備が着々と進んできたのである。

沖縄への自衛隊の配備は、七一年六月に開かれた日米安保協議委員会での「日本国による沖縄の直接防衛責務の引き受けに関する取り決め」いわゆる久保・カーチス協定によって決められた。これには配備する部隊まで具体的に決められていた。

復帰協は自衛隊の配備に強く反対し、復帰直前の七二年四月に「日本軍（自衛隊）の沖縄進駐」という言葉を使用し、抗議声明を出した。沖縄戦における住民の悲惨な体験をもとに、自衛隊配備によって、沖縄が再度日本の軍事的海外進出の拠点になるのではないかということを強く危惧していた沖縄では、反自衛隊感情が強かった。

一方、日本政府は、反自衛隊感情の強い沖縄に自衛隊の定着を図るため、自衛隊の民生協力に力を入れた。沖縄戦の名残りである不発弾の処理や離島県の悩みである急患の移送などを行った。さらに沖縄出身の自衛隊員を沖縄へ異動させ、沖縄社会の中に自衛隊を認知させる形が作られていった。自衛隊基地へ自ら住民を呼んで七夕祭りを行ったり、また地域の行事にも積極的に参加するなど活動の幅も広げた。

那覇市では、自衛隊員の成人式参加が問題となり、会場の那覇市民会館が混乱に陥ったり、琉球大学では、自衛隊員が夜間部を受験するということがあり、大学全体が物々しい雰囲気になったこともあった。

それ以上に県民を驚かせたのが、復帰から五カ月ほどの一〇月三〇日、自衛隊員による婦女暴行事件であった。軍隊は日米を問わず同じ性格の犯罪を犯すのではないかという気持ちを抱いた県民も多かった。

沖縄の広大な米軍基地は、一部自衛隊が移駐した形となっており、このままでは軍事基地は縮小されないのではないかという懸念が抱かれている。現に那覇空港について、復帰前は民間と米軍との共用であったものが、今や民間と自衛隊との共用空港と化している。

❖基地労働者問題

復帰後の米軍基地維持は、それまでの米軍と基地労働者との直接の雇用関係を、安保条約・地位協定下における日本による雇用体制へと大きく変化させることになった。これにともなって、復帰運動で大きな役割を果たしてきた全軍労は、労働組合として米軍との解雇などを含む労働関係の闘争に関して、従来のような大きな力を発揮することができなくなって、雇用関係が不安定になった。

これまでは、組合が雇用主である米軍に対して直接的な交渉を行い、厳しい状態にあっても結束をしてしのいできた。しかし復帰後は、日本政府が雇用する体制となり、実際の労使関係にある米軍との交渉はほとんどできなくなってしまった。当事者である基地労働者を入れずに、米軍と防衛施設庁（当時）で決めた契約で労働条件が決まるようになったのである。

別の側面では、米軍が雇用関係上問題のある行動をとっても、日本政府が肩代わりするだけで、基地労働者から責任を追及することは困難なケースもしばしば見られた。使用者である米軍がノーといえば、雇用者である日本政府はむしろその盾になるという構図である。したがって、本来対等であるべき労使関係ではなく、いびつで労働条件も米軍の都合を優先し、基地労働者に対して不利な内容になっている。

基地の合理化の声の下、復帰直前の全沖縄軍労働組合（全軍労）に対する大量解雇によって、復帰を迎えたころには基地労働者は三分の一までに削減された。雇用の少ない沖縄で、基地労働は大きな雇用の場ではあったが、ピーク時に二万二千人を数えた組合員数は六千人に激減し、一九七八年に本土の全駐留軍労働組合と合併し、全駐労沖縄地区本部となった。

全軍労は、復帰によって凋落《ちょうらく》し孤立してしまったが、復帰運動には大きな足跡を残した。

4　さまざまな公害問題

❖基地公害

公害といえば最初に浮かぶのは工場のばい煙、排水などの産業公害であろうが、沖縄では真っ先に基地公害が浮かんでくる。広大な米軍基地が復帰後も維持されるということは、復帰前に多くの被害をもたらした基地公害も引き継ぐことになった。基地が存続されている限り、米軍に起因する事件・事故による人権侵害と同様に、基地公害も当然存続するのである。

基地公害で真っ先にあげられるのが米軍機による爆音である。嘉手納基地周辺の爆音被害はベトナム戦争が終わっても大きく軽減されたわけではない。たとえば、那覇防衛施設局（当時。現沖縄防衛局）が行った復帰から半年後になる七二年一一月から七三年三月までの測定結果によると、嘉手納では最高一二七ホンに達した。また、九〇ホン以上の爆音が五秒間以上続いた回数は、一二月には月間一万八六四二回を記録するほどのひどさであった。

米軍の演習もベトナム戦争後はむしろ激しくなった。県道一〇四号線を封鎖して行われた実弾砲撃演習は、砲音や地響きもさることながら、着弾地の地肌がむき出しとなり、雨後の赤土流出も深刻であった。西海岸と東海岸を結ぶ県道であるため、住民生活への影響も大きなものであった。復帰後にいきなり県道を封鎖されて行われた砲撃演習に、県も驚き抗議をしたが、日米合同委員会の取り決めで提供施設として合意されたとのことで、封鎖は強行された。

県道一〇四号線越えの砲撃は、一九九六年のＳＡＣＯ（沖縄に関する特別行動委員会）合意により本土の五演習場へ移された。その他、牧港補給基地からの廃油、廃液の垂れ流しが発生し、付近の海域を汚染した事件などは、復帰前の有名な「燃える井戸水」を彷彿させるような基地公害となっていた。

❖産業公害

復帰が近づくと、本土資本が沖縄に進出することになった。これによって、種々の公害問題が発生し、これまでの基地公害だけでなく、新たな人権問題としての産業公害が加わった。雇用を生む面もあり、人権問題として意識されることが少なく、開発政策や経済政策といった視点から捉えられていた要素も否めない。復帰直後の革新県政内部だけでなく、地域住民や労働組合の間でも意見の対立が激しく展開された。

とくに沖縄本島東岸の金武《きん》湾で惹起《じゃっき》されたＣＴＳ（石油備蓄基地）問題では、住民を巻き込む大きな反対闘争が展開された。実際、沖縄の美しい海を埋め立てることは、海岸線の姿を変えたり、海を汚したり、環境破壊を起こしている。ＣＴＳの立地が原油流出事故や悪臭発生などの公害を発生させたことは否定できない。

ＣＴＳの誘致は、本来は雇用の拡大や産業振興が狙いであったが、建設後の雇用は予想を大きく下回った。逆に、原油流出事故が発生し、「金武湾を守る会」などが結成され、住民の公害防止運動が高まった。平安《へん》座《ざ》島と宮城島の間の海を埋め立てたＣＴＳ建設では、金武湾を取り巻く地域住民が環境権などの侵害を訴え、裁判闘争に発展した。

一九七五年開催の海洋博に関しても、国や県は積極的に開催を推進し、急ピッチで会場周辺の工事や道路整備工事などが行われた。工事による環境破壊を心配した反対論があった中で、工事は進められていった。海洋博は予想を下回った入場者数で幕を閉じたが、開催前の美しい緑や海は戻らない。

復帰後のすさまじいほどの沖縄開発は、土地の買い占めや物価の高騰など、経済面ではむしろ難題をもたらした。さらには、住宅問題や交通問題など住民の生活にも大きな影響を与えており、人権侵害に大きく関わっている。

5　今も尾を引く復帰前からの問題

❖売春問題

復帰して本土の法律が適用されるという面で、大きな変化が期待されたのが売春防止法であった。本土で施行されたのが、一九五七年四月であるから、実に一五年以上も遅れた対応であった。

琉球政府が実施した一九六九年の調査によると、売春地域は沖縄に約二〇カ所あり、五千余りの特殊飲食店業者が公然と営業、そこに約八千人もの女性が売春に携わっていたと報告されているが、実数は一万人を超えるといわれていた。

売春の歴史は長く、決して戦後の沖縄に限ったものではない。琉球王朝時代や薩摩侵攻時代の厳しい徴税の中で、貧しい者は娘らを手放したと思われ、売春を容認する意識として「貧しさゆえに性を売る、良家の子女の防波堤、社会の必要悪」などが根深くあった。

日本社会でも同様で、戦後社会が民主化され、人権が尊重されても、なかなかこのような意識を変えられないことが、売春防止法によってもなくすことができない大きな要因であろう。

さらに沖縄では、沖縄戦の後、必死に生きるための混乱した社会状態で売春があり、圧倒的な米軍基地の存在の中で売春がはびこっていった。「売春は戦後の沖縄の社会問題の中で、一番深刻な課題」といわれたほどである。

復帰後、当初売春防止法は、売春が悪であることなどを沖縄社会に訴える働きを始めており、復帰後五年間で約一五〇〇人の女性が婦人相談所に救いを求めてきた。しかし、相談できずに、売春を続けていた人が多かった。売春業者の方も、復帰により廃業の懸念を抱いていたが、本土の業者が法の網をくぐり、売春業を営んでいることを知って、売春業形態の本土化が早く進んだ。

復帰直前から、海洋博終了までの数年は、警察や婦人団体、社会福祉団体などが復帰を転機として、沖縄の社会を何とか女性の人権が守られる社会にしようと、いろいろと活発な活動を行った。しかし、その後は潮が引くように関心が薄れたような状態となった。

復帰後も、米軍基地は依然存在し、多くの米軍人が売春と絡んでいるだけでなく、観光業の隆盛とともに、観光売春の形で売春業は巧妙になり、潜在化していった。いわゆる管理売春（強制売春）は売春街を形成し、そこで女性を売春に従事させ、前借り金を返済させる形である。一見女性が自由意思で働いているようだが、実態は人身拘束であり、人権を無視することで業者が利益を得ているといえる。

このような状況の中心にいる女性たちの人権蹂躙問題は、社会にいろいろな影響を与えてくる。女性自身の廃人化、性病の蔓延、道徳・精神文化の荒廃、青少年の堕落化と犯罪化、暴力団の温存、麻薬依存などが悪循環となって、沖縄社会にいろいろな人権侵害がさらに広がっていくのである。

売春は女性の人間としての尊厳に対する挑戦であり、人権蹂躙の最たるものであるという認識の上で、人びとが自らの立っている社会の問題として、絶え間ない運動に携わっていく必要がある。

❖子どもたちの福祉

沖縄における子どもの福祉問題は、経済関係、親子関係、教育関係など多岐にわたっている。戦後続いてきた米軍統治と圧倒的な米軍基地の存在が、この問題の一要因として根底には横たわっている。

経済面では、子どもの育児問題で家庭になかなか経済的余裕がなく、きちんと面倒を見ることができないまま、育てる環境が整っていない面が多く見られる。経済的貧困に陥った母子家庭が多いこともあり、母親が夜働いている間、料金の割り高な夜間保育所などに預けることができず、幼児、児童らで留守をしているケースも多い。その間に火事などの事故で犠牲になった子どものニュースが、時折目に飛び込んできた。

復帰後も続く米軍基地の存在は、米兵相手の飲食街で生計を営む家庭経済の中で、子どもの人権が蹂躙される危険性をはらんでいる。そのようなケース以外の家庭に目を向けても、公的な保育施設が整っておらず、劣悪な無認可保育施設に預けざるを得ない面もある。無認可保育施設への公的支援がないまま、劣悪な環境の中で、子どもの痛ましい事故が起きたこともある。

また、米兵との間にできた子どもの福祉をめぐる問題もある。米国の国籍法と復帰後の日本の国籍法との狭間で、無国籍児の問題が発生した。沖縄に駐留する米兵、とくに海兵隊員は年齢が若く、また駐留する国を転々としているため、米国本土在住の年数要件を満たさないと、子どもに父親として米国籍を継承させる資格がなくなる。そのため、母親の私生児として届け出るか、あるいは届出の怠慢等で無国籍児として生活を続けていく状態が少なくない（詳細はⅣ章）。

国籍はパスポートだけでなく、国民の要件として多くの福祉関係の基準にもなっており、生きるために不可欠なものである。復帰前は国籍の問題は潜在化していたが、復帰後大きな問題として噴出した。

教育関係においても、家庭経済面や米兵との関係が子どもの人権に影を落とす。すでに述べた、親の勤務形態から、子どもの夜間徘徊が多く、売春や強姦、拉致など事件に巻き込まれたケースも見られる。昼間に睡眠を取らざるを得ない勤務形態で、子どもが学校に行っているかを確認できないで、不登校状態になったままのケースもある。また、混血児は学校でいじめの対象となって精神的抑圧を受け、登校拒否から非行に走る場合も見られた。

そもそも日本国憲法の下に復帰して、「健康で文化的な生活を営む権利」（二五条）が保障されるはずであるが、家庭環境はそれにほど遠いし、学校に行けばいじめによる不登校など「教育を受ける権利」（二六条）の享有さえもままならないこともあった。復帰をしたからといってすぐに沖縄における生活、保健、福祉の制度や子どもをめぐる福祉環境が整うわけではなく、一九七〇年代は復帰前の問題が引き続いて解決されないまま残っていた。

❖無年金、低年金の問題

復帰前の制度の遅れが尾を引いて、復帰後四〇年になろうとする今も残っている問題として、沖縄の無年金者、低年金者問題がある。年金制度が沖縄で発足したのは、本土に遅れること九年の一九七〇年四月一日であった。沖縄の復帰特例で追納が可能ではあったが、高額（一人平均一五〇万円）などの理由でこの間追納できなかった住民が一五万人おり、無年金、低年金の状態で暮らしている。とくに無年金者は約三万人で、六五歳以上人口の一三％を占め、全国平均の三倍近くにもなっている。憲法二五条の保障する最低限度の生活さえ、米軍支配下で生まれた「格差」によって、実現もままならない状態なのである。

❖今なお恐怖、不発弾

沖縄戦では約二〇万トンの爆弾が使用され、一万トンは不発弾として残ったとされる。戦後初期のころは住民が約三千トン、その後は復帰前までに米軍により二五〇〇トンの不発弾処理がされた。復帰後は、自衛隊によって処理されているが、まだ約二三〇〇トンが埋没しているとされる。一日一〇〇キロ、年間約三〇トンを処理しても、八〇年ほどかかる状態である。政府の行為によって戦争の惨禍があり、沖縄戦の結果、大量の不発弾が残ったのである。

復帰間もない一九七四年三月、那覇市小禄の聖マタイ幼稚園横の工事現場で不発弾が爆発、女児を含む四人が死亡、三四人が重軽傷を負う惨事が起きた。同様の事故はその後も発生しており、国による補償問題が取り上げられている。二〇〇九年一月に糸満市で発生した不発弾爆発事故は、爆発物の上で生活している危険な状態を浮き彫りにした。二〇一一年一一月にも那覇市の首里高校グラウンドで、米国製二五〇キロ爆弾が発見され、二〇一二年三月に現場で爆破処理された。

不発弾爆発事故の恐怖からの自由は、沖縄における平和的生存権の一内容といえる。不発弾処理の際の住民避難も、時には一日がかりで、避難区域内の経済、教育活動の混乱、交通渋滞などが発生する。また病院などの避難は、移動困難な人に支援経費が必要であるが、二〇一一年にようやく国は必要性を認めた。

沖縄復帰をめぐる住民生活の実態を掘り下げれば掘り下げるほど、あらためて沖縄における人権問題の根深さが、復帰四〇年後の現代にまで続いていることがわかる。

第Ⅲ章コラム❶

◆沖縄国際海洋博覧会

今村　元義

沖縄国際海洋博覧会（以下、海洋博）は、国際博覧会条約に基づいて、一九七五年七月から半年間、沖縄県本部半島の備瀬崎《びせざき》一帯で開かれたもので、海洋という特定の分野を対象とする特別博覧会であった。

海洋博は経済、政治思想、文化学術など多様な側面をもっていたが、ここでは経済的な問題から取り上げる。

通産省が海洋博開催の検討を始めたのは、復帰前の一九七〇年一月である。はやくも翌二月には琉球政府に要請させ、七一年一〇月二三日、政府が閣議で沖縄開催を決定した。

日琉両政府の意思決定の迅速さに驚く。この背景には、沖縄経済の振興方策を協議するため一九六六年から七五年まで本土と沖縄で交互に開かれた経済人の会議＝沖縄経済振興懇談会（沖経懇）の要請があった。

この間の経緯は、一九七三年三月の沖経懇の席上、本土側委員代表・永野日商会頭の「国際海洋博の沖縄開催は本懇談会が率先提唱し、実現を推進してきた」という発言に集約されている。

海洋博の開催は、復帰記念という位置付けであったが、「開発」を加速しようというねらい（「開発の起爆剤」）が込められていた。関連公共事業による道路網をはじめとする産業基盤の建設・整備である。

これは日本本土において、公害列島化をもたらし、東京一極集中と同時に過疎化をすすめた一九六二年の旧全国総合開発計画の「拠点開発構想」、一九六九年の新全総の「大規模プロジェクト構想」（拠点開発の大規模版）を、沖縄へ適用するものであった。加えて沖縄の場合には、アメリカ軍基地外に拠点を設定する、基地温存という特徴があった。

一九七二年のニクソン・ショックに端を発する

世界的な一次産品価格の高騰、七三年一〇月の石油危機によって、不況下の「狂乱物価」（スタグフレーション）が引き起こされる中、海洋博は、当初計画（一九七五年三月二日～八月三一日）から、同年七月二〇日～一九七六年一月一八日へと開催延期を余儀なくされた。

　こうして、「タイムリミット」に追われたビッグプロジェクト実施の至上命令は乱開発――土地の買収、地価の高騰、工事のラッシュ、自然の破壊、賃金の高騰などを引き起こした。そこに「海洋博反対」という沖縄県労働組合協議会の声明が出され、賛否両論がたたかわされる状況となった。メリット論とデメリット論として、それは展開された。

　結果として、予想されたほどの観客は集まらなかった（見込み四五〇万人のところ三四八万人）。交通はそれほど混雑しなかったものの、海洋博目当ての商売の多くが成功しなかった。期間中にも倒産が出たし、終了後にもそれは続き、「海洋博倒産」という言葉が生まれたほどである。

　海洋博が終わって、ほとんどの施設は廃棄され、おきなわ郷土村、熱帯ドリームランド、熱帯・亜熱帯都市緑化植物園など、代わりの施設が追加されるなど、今では沖縄記念公園として跡地が利用され、沖縄観光の重要な施設の一つとなっている。

　海洋博のメイン会場・日本政府館のアクアポリス（一二三億円）は残されたが、まもなく営業を停止し、お荷物となって、二〇〇〇年一〇月にスクラップ（鉄くず）として香港に売却された。その近辺の海洋牧場で飼われていた魚は、地元漁協に譲渡されることになっていたが、病気の発生で処分され、譲渡されなかった。

　タイムリミットでビッグプロジェクトを実行する開発方法は、地域振興と無縁である。沖縄には、「命《ぬち》どぅ宝」の理念がある。生命・生活の創造が経済活動の究極目的であることについては、ケインズも指摘していたことである。

　議論を尽くして沖縄の理念の地域経済への具体化をはかることが、現在でも重要である。

第Ⅲ章コラム❷

◆五・一五メモ

高良　鉄美

周知のように「五・一五」とは、沖縄が日本へ復帰した月日である。復帰に際して日米合同委員会で、沖縄の米軍基地における演習を含めた使用条件などについて定めた取り決めがあり、県民には秘密にされていた。安保条約およびそれに基づく取り決めは、返還協定が効力を発してからであった。この秘密合意文書を五・一五メモと呼んでいる。

合意内容については防衛施設庁の告示で一応のことは知らされたが、内容的には米軍の基地使用の実態について不明確なものが多かった。この告示に示された内容以外の事項が含まれていることで問題となったのが、県道一〇四号線越えの実弾砲撃演習による封鎖である。

抗議運動が激しく展開された際に、同県道は米軍の活動を妨げない範囲で一般住民の使用を認める旨の合意があることが判明した。一番影響を受ける存在であるはずの沖縄県民は、初めてこのような合意があることを知ったのである。

憤った県民による公開要求運動が高まったが、日本政府は日米の秘密事項であるとして拒否していた。

復帰から六年後の一九七八年にキャンプ・ハンセンやキャンプ・シュワブ、嘉手納基地など県内の二二の米軍施設について概要が公表された。その後、一九九七年に五・一五メモのうち、主要部分となっている文書で、県内八八施設・区域の提供および訓練区域の指定に関する文書である「施設分科委員会覚書」などが公表された。そのほか「五月一五日の合同委員会合意議事録」と「五月一五日の沖縄の施設・区域に関する合同委員会覚書」なども公開された。

文書は英文約二六〇ページ、日本語訳約二〇〇ページに及ぶものであった。五・一五メモ全体ではこの公表分以外にも、日米安保条約の適用に伴って合意された文書があったが、後に県内基地に関する覚書の全容が公表され、沖縄の航空管制合意に関する覚書など残りの一〇文書も公開された。

施設分科委員会覚書には、復帰後も米国に提供された基地の範囲や使用目的や条件が定められており、演習内容や演習形態、使用火器、使用時間などが詳細に決められていた。

沖縄戦後の占領から続く米軍の基地使用が、復帰後もそのまま受け継がれたことをうかがわせる内容も多く、米軍による沖縄での傍若無人な基地使用の実態が浮き彫りになったといってよい。それ以上に五・一五メモの問題は、内容的に見るとそこまで秘密にする必要性が乏しいにもかかわらず、米軍に関わるものは何でも隠しておこうとする体質がうかがえることである。

生活上の支障が出ようと、米軍優先の姿勢がまざまざと見え、復帰後も米軍統治の実態はさほど変っていない、いや、むしろ米軍だけでなく、日本政府がいっしょになって、県民にさらなる重圧を負わせているといっていいだろう。

第Ⅲ章コラム③

◆米軍用地問題素描

琉球大学名誉教授　新垣　進

沖縄の軍事基地造成の経緯をみると、米軍は沖縄戦終結前には、一般住民が収容所生活をしている間に、そして戦闘終結後も、ハーグ陸戦法規に違反して、民有地も国有地も区別せずに囲い込んだ。やがて、住民が収容所から解放された時、自分の土地を軍用地にされ、行き場を失った人びとのため、今度は第三者の土地を無断で配分した。

これが「割当土地」制度で、種々の紛争を生んだ。米軍はなおも基地建設を強行し、囲い込んだ結果を布告や布令で、一方的に合法化しようと試みた。

そこで県民の抵抗として「島ぐるみの土地闘争」に発展したが、米軍は切り崩しを図り、彼らが沖縄県民の代表と認めた人たちとの交渉で、妥協案を半強制的に受け入れさせて解決した。

おおむね沖縄の米軍用地は、国有・公有・民有に三等分され、基地の大半が国有地にある本土の実態とは大いに異なる。米軍の専用施設基地の約四分の三が、国土の千分の六しかない沖縄に集中している。米軍の演習場やミサイル発射場の建設計画に対し、無抵抗な地主たちが地域振興策とひきかえに受諾したが、こうして復帰後の日本政府は沖縄の米軍用地の新規契約に誘導した。

軍用地料は、米軍が民間賃料の上昇を防ぐために、「土地借賃安定法」で安く押え込んだが、復帰後の日本政府はそれを六倍に引き上げて地主の離反を防いだ。

それでも未契約地主が約三千人残り、そのうち約二千人が「反戦地主会」を結成して、契約を拒否をした。すると政府はいわゆる「公用地法」を制定（一九七二年五月一日施行）、米軍の要求する軍用地の提供義務を課して契約拒否を封じ込め、不服申し立て制度も排除し、基地の危険にさらされる沖縄県民から憲法九五条の住民投票の機会すら奪った。

この立法措置を、自民党単独で衆議院で強行した。

政府は、反戦地主に対しては、米軍が敷きならして境界不明にしたままの軍用地を解放したり、課税面で不利益を与えたりして、その数を激減させ、公用地法による使用期間失効後は「地籍明確化法」の制定で期間延長を図るとともに、以後契約拒否で影響を受けない仕組みにした（詳細は序章参照）。

一方、多数を占める基地容認派は、沖縄県軍用地主等地主会連合会を作って政府と契約し、契約更新時には賃料の大幅増（たとえば二〇一二年度以降は、従来の二倍近い約一八〇〇億円）を要求している。

米軍機の主な墜落事故

「復帰前」1971年以前

■1959年 6月30日 石川市(現うるま市)宮森小学校に米軍戦闘機墜落。児童ら17人死亡。
■1961年12月 7日 具志川村(当時)川崎の民家に米軍戦闘機墜落。民間人ら6人死傷。
■1962年12月20日 嘉手納町屋良の民家に米軍輸送機が墜落。民間人7人死亡8人重軽傷。
■1965年 6月11日 読谷村親志部落で、演習中の米軍ヘリコプターからトレーラーが落下。道を歩いていた棚原隆子ちゃん(小学校5年)を圧死させた。
■1966年 5月20日 嘉手納基地でジェット機が離陸に失敗。民間人が犠牲。乗員全員死亡。
■1968年11月19日 嘉手納基地でB52が墜落。住民4人が負傷。

「復帰後」1972年以降

■1973年12月 5日 海兵隊所属(中型輸送ヘリ)が西原村(当時)小那覇の社屋新築現場付近に墜落。乗員4人が死亡。
■1976年11月 4日 普天間基地所属CH53が渡嘉敷島付近に墜落。乗員4人全員行方不明。
■1978年 3月 3日 普天間基地所属CH46がキャンプ瑞慶覧沖合に墜落。乗員4人が死亡。
■1980年10月 2日 普天間基地滑走路に観測機が墜落。1人死亡。
■1980年12月19日 普天間基地所属CH46が北部訓練場内に墜落。乗員1人が死亡。
■1982年 7月20日 具志川市高江洲のキビ畑に海兵隊ヘリが墜落。
■1985年 7月12日 普天間基地所属CH53が国頭村の林道に墜落。乗員4人が死亡。
■1994年 4月 4日 嘉手納基地を離陸中にF15が嘉手納弾薬庫地区内黙認耕作地に墜落。
■1998年 7月23日 UH-INヘリコプター、キャンプ・ハンセン内に墜落。
■1999年 4月19日 国頭村の北部訓練場沖合にCH53が墜落。乗員4人が死亡。
■2004年 6月15日 北谷村民家の庭に米軍機FA18からの部品の一部が落下。
■2004年 8月13日 沖縄国際大学構内(普天間)に米軍ヘリ(CH-53D)が墜落。
■2005年 5月17日 久米島町の農道にHH-60ヘリコプターが不時着。
■2006年 1月17日 ホテル・ホテル訓練区域にF-15が墜落。
■2006年 3月30日 嘉手納上空で米軍機F-15からパイロットのミスで訓練用照明弾を発射。
■2006年 8月25日 訓練用照明弾をF-15から陸軍貯油施設に落下させる。
■2006年12月13日 トリイ通信施設沖の海上(海兵隊)米軍ヘリ(CH-53)が、車両吊り下げ中、乱気流を受け、安全のため同車両を海上に投下。
■2008年 4月 9日 鳥島村射撃場付近提供海域(海兵隊)米軍機が訓練中に実弾をターゲットから外れて誤投下。
■2008年10月24日 名護市(嘉手納エアロクラブ)嘉手納エアロクラブ所属セスナ機が墜落。
■2010年 4月 7日 ホテル・ホテル訓練区域にF-15がミサイル安定板を落下させる。
■2010年 6月15日 宜野座村の海岸にCH-46ヘリが不時着。

＊2004年8月14日の沖縄タイムス記事に、沖縄県知事公室基地対策課の沖縄の米軍及び自衛隊基地より追記を行った。

第Ⅳ章
1980年代の沖縄
「発見」される人権問題

——若尾 典子

元那覇市長の平良良松さんの1988年沖縄タイムス賞（自治賞）贈呈式で受賞を祝う人権協会関係者。

1 保守化する八〇年代の政治

一九八〇年代とは沖縄にとり、どのような時代だったのか。

先立つ一九七〇年代は、米軍事支配から日本への復帰という「世替り」が沖縄をゆさぶった。なにより復帰後も変わらない沖縄米軍基地の重圧が問題だった。

一九九〇年代になると、一九八九年のベルリンの壁崩壊を機に、冷戦体制が終結し、アメリカは新たな世界戦略の構築にとりかかる。ヨーロッパでは米軍基地の縮小が始まるが、沖縄に「平和の配当」はないまま、一九九五年九月、三人の米兵による集団レイプ事件が起き、沖縄米軍基地への激しい怒りが渦巻くことになる。

その間にはさまれた一九八〇年代、イギリスではサッチャー政権（一九七九年―一九九〇年）、アメリカはレーガン政権（一九八一年―一九八九年）、そして日本の中曽根政権（一九八二年―一九八七年）と、新保守主義・新自由主義的な政策を展開する政府が登場した。いずれの政権も、国内的には社会福祉を削減し、民間活力に代替させ、国民に自立自助を要求した。この対内政策は、外交とりわけ軍事政策を重視する対外政策と一体であった。すなわち、対ソ強硬姿勢の明確化、軍事力中心の外交の展開である。当然、日米両政府、とくに日本政府による沖縄米軍基地の支援強化策の下、沖縄は広大な米軍基地はそのままに、日本社会への統合を厳しく迫られた。

❖一九七八年―革新から保守へ

一九八〇年代の政治状況の予兆は、一九七八年に表れた。復帰運動を貫く「核も基地もない平和な島」の実現への期待は、復帰後、沖縄の革新知事・革新市長に託された。だが一九七八年九月には、沖縄県内一〇市の市長のうち六市が保守派となった。それまで、八市が革新、二市が保守だったから、大きな変化である。そして一九七八年一二月の県知事選で、病気で辞任した平良幸市（革新）にかわり、安保容認の西銘《にしめ》順治（保守）が当選した。

沖縄の政治の保守化は、日本政府による在日米軍基地支援の強化策を背景にしていた。同じく一九七八年六月、金丸信防衛庁長官は「経済的に苦しいアメリカ側の立場を思いやって」、在日米軍への財政支援拡大を行うべきだと発言し、いわゆる「思いやり予算」が登場した。

安保条約の実施を具体的に取り決める地位協定は、二四条で在日米軍基地の維持費がアメリカ負担であることを明確にしている。だが日本政府は、経済大国ぶりを誇示するかのように、地位協定二四条の規定を超えて、アメリカへの「思いやり」として在日米軍に多額の金を投じることにし、現在に至っている。

❖財政投入による米軍基地の確保

日本政府の在日米軍への支援強化策は、沖縄に対しては、まずは米軍用地を日本政府の責任において確保することとして現れた。沖縄米軍用地は、復帰後、公用地法によって確保されてきたが、一九七七年五月、さらに五年間の延長がなされた。とはいえ五年後の一九八二年には、再度、公用地法は期限切れとなる。そのため日本政府は、反戦地主への切り崩し、高額な軍用地料といった従来の対応にとどまらない、米軍用地確保のために手段を考えなければならなかった。そこで登場したのが、一九五二年に制定された米軍用地特措法の復活・活用であった。

さらに日本政府は、沖縄米軍基地と「引き換えに」沖縄への多額の財政投資を行った。復帰時に制定された沖縄振興開発特別措置法にもとづき、一九七二年から八一年の一〇年間、沖縄に対する特例として、高率の国庫補助を出す沖縄振興開発計画が実施された。そして、一九八一年にさらなる延長が決定され、八二年から九一年までの一〇年間、第二次計画が実施された。

防衛施設周辺整備法による補助金も、米軍基地のある自治体に投入された。広大な米軍基地に占拠され、厳しい経済状況を強いられる沖縄で、日本政府の方針に従わず、基地依存からの脱却を進めようとする革新の政策では、県民所得の向上など、経済問題を解決できないのではないかとの不安が広がった。ここに、沖縄の政治を保守化させた要因の一つがあった。

❖自衛隊と沖縄米軍基地

日本政府の在日米軍支援政策は、自衛隊強化政策と一体であった。一九七八年七月、栗栖弘臣《くりすひろおみ》統合幕僚会議議長は、「わが国が奇襲攻撃を受けた場合には自衛隊としては第一線の指揮者の判断で超法規的に行動しなければならない」と発言した。「有事立法問題」である。有事（戦争状態）になれば自衛隊は「超法規的に行動」すると、自衛隊の最高幹部が発言したのである。これは、自衛隊が文民統制に従わないつもりでいることをあからさまにしたものであり、しかも、内閣・国会の指示もないまま、自衛隊が独自に軍事行動を想定した国内法の検討を進めていることを示していた。独走する自衛隊への危機感が、国民の間に一挙に広がった。

結局、栗栖議長の更迭ということで事態は収拾された。だが現実には、文民統制の下での有事立法研究であればよいとの判断から、福田首相・金丸防衛庁長官は、自衛隊に対し有事立法研究を指示した。

これほどに日本政府が自衛隊の有事立法研究を重視したのは、米軍との共同行動を強化するためであった。一九七八年一一月、日米安保協議委員会で「日米防衛協力のための指針」（いわゆる「ガイドライン」）が定められた。日本の有事において、自衛隊と米軍がどのように共同行動をとるのかの指針が示された。日本政府の在日米軍および自衛隊に対する強化政策は、本土でも危機感をもたらした。とくに有事立法問題については、日本・沖縄ともに積極的な批判運動が展開された。だが、本土における自衛隊批判の動きは、在日米軍基地、とくに沖縄米軍基地との関連を視野に入れるものとはならなかった。本土では、沖縄問題は日本復帰により終わったかのような受け止め方が広がっていた。沖縄に対し、日本に復帰して一つの県になった以上、もはや特別扱いは必要ない、という見方さえ生じた。

それは七二年のニクソン米大統領の中国訪問、それにつづく田中角栄首相の訪中による日中国交回復などを背景に登場した「安保タナ上げ論」とでもいうべき論調とともに、沖縄がいまなお米軍基地の重圧にあえいでいる事実から、人びとの目をそらすものだった。沖縄に配備された自衛隊の第一の任務は在日米軍基地の防衛であり、それはとりもなおさず沖縄米軍基地の強化にほかならなかった。この沖縄の現実は、本土で経済大国・日本の生活を謳歌する人びとには、目に見えるものとなりにくかった。

❖日本国憲法と人権運動

しかし、沖縄の人びとが、強いられた経済不安によって保守政治を選択したことは、決して人権問題を棚上げすることを意味したわけではない。国際的にも国内的にも、そして県内的にも、政治の保守化傾向が強まるなか、復帰運動のなかで培った社会連帯による平和を求める人権感覚は、一九八〇年代、暮らしにひそむ人権問題をえぐりだす作業、女性や子どもの権利をめぐる問題への取り組みとなって進展した。

日本国憲法が掲げる人権を保障する責任は、日本政府をはじめとする公権力の担い手にある。憲法九九条はいう。

「天皇又は摂政及び国務大臣、国会議員、裁判官その他の公務員は、この憲法を尊重し擁護する義務を負う」

憲法は、公権力を行使する側にいる人びとが守るべき規範を掲げている。そして、彼らが日本国憲法の規範を守るよう監視する責任が、私たちにはある。これが国民主権である。憲法一二条・九七条は、「国民の努力」「人類の努力」に言及している。

「この憲法が国民に保障する自由及び権利は、国民の不断の努力によって、これを保持しなければならない」（一二条）

「この憲法が日本国民に保障する基本的人権は、人類の多年にわたる自由獲得の努力の成果であって…」（九七条）

憲法が掲げる人権は、いままでも、そしてこれからも、人びとの「努力」によって維持されるものであり、その努力とは、憲法に掲げられた人権を保障するよう、公権力の担い手を監視することである。

沖縄が日本に復帰し、日本国憲法が適用されるようになったことは、日本国憲法の規範が沖縄ですぐに実現することを意味するわけではない。沖縄が米軍事支配下にある間、日本政府は沖縄が抱える問題を、日本国憲法が適用されない地域であることを理由に放置した。だが沖縄の日本復帰によって、日本政府は沖縄米軍基地をめぐる状況が、日本国憲法に反していないのかを明らかにする責任をもつことになった。

もちろん日本政府の責任は、在日米軍基地をめぐっても、問われ続けてきた。はたして日米安保条約にもとづく米軍基地は、日本国憲法の要請と合致しているのか、と。日米安保条約は、三条で、次のように憲法に言及している。

「締約国は、……武力攻撃に抵抗するそれぞれの能力を、憲法上の規定に従うことを条件として、維持し発展させる」

そのうえで六条は、「日本国の安全に寄与し、並びに極東における国際の平和及び安全の維持に寄与するため」、アメリカは日本に基地をおくことが「許される」としている。

はたして外国軍基地をおくことが、日本国憲法の平和主義に反しないのか。ほんとうに在日米軍基地は「日本の安全」「極東の平和・安全」に寄与しているのか。この問いは、戦後日本の政治の大きな争点の一つである。

沖縄の日本復帰は、この争点をより鮮明に、私たちにつきつけた。沖縄米軍基地は「日本の安全」に寄与しているのか、「沖縄の安全」を無視した「日本の安全」とは何なのか、と。沖縄の人々の安全を、日本国憲法のいう平和主義の保障として要求することが、「不断の努力」として私たちに課せられている。

そして事実、沖縄の人々は一九八〇年代、日本国憲法が掲げる人権の保障を求める、多様な人権運動を展開した。それはまた、本土の人権状況を問うものでもあった。

2　女性たちの人権運動

❖位牌継承をめぐる慣行への取り組み

最初に動きだしたのは、女性たちだった。一九八〇年一月、琉球新報の連載記事「うちなー女男」で「トートーメー」問題（位牌《いはい》＝トートーメーの継承者を男性に限定する問題）が取り上げられた。これが問題の発端だった。この記事に「予想を超える反響」があり「社会部の直通電話は……鳴りっぱなしになった」（琉球新報社）という。

位牌継承について、民法八九七条は次のように定める。

「系譜、祭具及び墳墓の所有権は、……慣習に従って祖先の祭祀を主催すべき者が承継する」

この規定は、位牌継承を、一般的な財産相続とは異なる特殊なものとしている。ひとつは単独相続であって、均分相続ではない。いまひとつは、他の相続にはない「慣習」によるものとしていることである。これは一見すると、戦前の「家」制度の規定に近い。

戦前の民法は「家」制度を採用し、位牌継承を財産相続とともに単独相続としていた。「家」を継承するもの、すなわち「家督相続人」が、財産も位牌も一人で相続した。この家督相続人になるべき「一人」は長男優先主義であり、女性差別の制度であった。

日本国憲法二四条は、一項で結婚の自由や個人の自由を制約し、女性差別を重要な要素としていた「家」制度の廃止を宣言した。そして新たに制定されるべき「家族」に関する法律は、「個人の尊厳と両性の本質的平等に立脚して、制定されなければならない」（二四条二項）と明示した。

これをうけて戦後、民法の「親族編」「相続編」は全面的に改正された。家督相続は廃止され、財産相続は子どもに関しては均分相続とし、女性差別を否定した。ただ位牌継承は分割が困難だと考えられ、例外として単独継承が認められ、その決定は慣行によることになった。

民法改正時、この規定の提案者は、戦前の民法上の「家」制度的な慣行を、何とか維持したいとの意図をもっていたようである。しかし民法は、日本国憲法の原理に違反する内容をもつことは認められない。したがって、提案者の意図がどうであろうと、民法で認められた「慣行」が、日本国憲法の平等原理に反する女性差別を含むことは、許されない。この点は民法改正後、解釈としても裁判においても、明らかにされてきた。

ただ「慣行」は、家族や親戚、あるいは地域の人びとの意識に根強くあり、なかでも位牌の継承は宗教的な信念の問題に関わってくる。女性差別的な慣行が行われても、その是正に法律が関与することは難しかった。

このような状況で、一九八〇年一月の新聞記事が読者に大きな反響を呼んだことに意を強くした人びとが、動き出した。一九七八年に結成されていた「国際婦人年行動計画を実践する沖縄県婦人団体連絡協議会」（当時。婦団協と略称）は、「トートーメーは女でも継げる」というスローガンを提示し、一九八〇年の運動の中心課題とすることを決定した。

この動きに呼応して、トートーメー慣行について沖縄弁護士会や沖縄人権協会は法的な分析を、歴史学・民俗学研究者は、歴史的な解明を積極的に行った。周囲の反対に会いながらもトートーメー継承をした女性たちも、自らの実践を語り始めた。

❖トートーメー裁判と「男系の男子」

トートーメー継承問題を、裁判に訴える女性が現れた。事案は次のようなものである。父の死後、六人姉妹の四女M子さんが墓・位牌を管理してきたが、墓地が那覇市の公園指定地となり、墓の移転問題が生じた。すると親族のなかの男系である男性が、位牌継承者であることを主張してきた。そのためM子さんは、「祭祀承継者指定の申立」を那覇家庭裁判所に提出した。

この事案は、移転問題で那覇市が補償することになり、墓地に財産的価値が生じたため、これを狙って慣行上の位牌継承者が権利を主張したものである。ここに、沖縄の位牌継承慣行のもう一つの特徴がある。沖縄の位牌継承慣行には、位牌の継承にとどまらず、財産相続が伴っていた。この点は戦前の家督相続制度と同じである。

ただし沖縄の位牌継承は、戦前の家督相続と一点、異なるところがあった。明治民法の家督相続は長男優先ではあったが、男子がいない場合、女性の家督相続人を認めていた。ところが沖縄の位牌継承は、女性を一切排除し、「男系の男子」しか相続できない。これは天皇の地位の継承と同じである。

天皇の地位は、戦前も戦後も同じ「男系の男子」に継承される。ただ根拠となる規定が、戦前は憲法、戦後は法律におかれている点に違いがある。戦前は大日本帝国憲法二条が、「皇位は……皇男子孫これを継承す」としていた。戦後、日本国憲法は天皇の地位については「世襲」（二条）とだけ規定し、具体的には「皇室典範《てんぱん》」という法律に委ねた。

皇室典範一条は、「皇位は、皇統に属する男系の男子が、これを継承する」としている。さすがに、両性の平等を明確に掲げる日本国憲法に、「男系の男子」という女性差別規定をおくことはできなかったのであろう。もちろん皇室典範一条の合憲性には重大な疑義がある。

この徹底した女性排除の継承方法は、その維持が困難になるという現実的問題が生じる。実際、天皇家では男子の確保が、年々難しくなっている。戦前は天皇家では妻妾制度が採用され、かろうじて男性を確保してきた。たとえば大正天皇は、側室の子、すなわち婚外子である。明治天皇は正妻との間に子どもがなく、正妻のほかに五人の女性に子を産ませたが、そのなかで成人したただ一人の男子が大正天皇であった。戦後は天皇家でも妻妾制度を廃止したため、天皇家の「正妻」には男子出産が強く求められる。

沖縄の位牌継承にあっても、男子の確保が重要となる。トートーメー慣行をもつ親族間にあっては、女性は男子を二人以上産むことが望ましいとされている。それは最初の男子には自分の家の位牌・財産を継承させ、二人目の男子は、男子のいない家の位牌・財産の継承者とするためである。「男系の男子」相続は、女性に男子を産むことを強制し、女子を産むことを避けたいと思わせる、女性蔑視の制度・慣行である。

しかも「男系の男子」相続は、生活実態からも遊離しがちである。M子さんのケースでも、親の介護のときはもちろん、親が亡くなり介護した娘が位牌を継承しても、当該男性は無関心だった。ところが墓地が補償の対象となると、当該男性が継承者として名乗りを上げた。一九八一年三月二四日、那覇家庭裁判所はM子さんの申し立てを認めた。

❖当事者の声

トートーメー慣行への沖縄の女性たちの取り組みが、一九八〇年に大きな社会運動として展開したのはなぜだろうか。

トートーメー慣行はよく知られた事実であり、民俗学でも研究対象となってきた。また、位牌継承が財産相続と一体となって女性を排除する女性差別の問題であることについても、女性たちは黙ってきたわけではない。沖縄婦人連合会副会長の中村文子さんは、位牌を一人娘である自分が継承した経験を発表し、問題を提起していた。しかし、個人的な問題とみなされるに終わった。もちろんこのような当事者の努力が積み重ねられてきたことが、一九八〇年の社会問題化を準備したことは確かである。ただ啓蒙的な場での経験発表は、発表した当事者の個人的資質を評価するにとどまる傾向があった。

「慣行」にひそむ性差別の問題は、国際的にも、克服に向けての社会的取り組みが困難だとして、いまなお重要課題の一つである。女性差別撤廃条約五条は、以下の目的のために政府が「すべての適当な措置をとる」よう求めている。

「男女の定型化された役割に基づく偏見及び慣習その他あらゆる慣行の撤廃を実現するため、男女の社会的及び文化的な行動様式を修正すること」

トートーメー慣行は、沖縄の特定の親族・地域の伝統である。そのため当該親族・地域のなかの問題とされ、社会的な問題にはなりにくい。特定の親族・地域の慣行は、当該親族・地域の人びとの内部問題であり、当事者が伝統として尊重していることを部外者が問題にすべきではないとされるからである。となれば、親族・地域のなかで暮らす女性たちが批判的な声を上げることは、ますます難しくなる。

だが一九八〇年、新聞連載に対して当事者が声をあげた。沖縄において新聞は、公的コミュニケーションの場を提供するという、新聞本来の重要な役割を果たしている。時宜を得た新聞連載を読み、当事者は、新聞社に共感の電話をする。それは親族・地域に縛られた日常生活にあっても、家族のいない時間をみはからって、率直に自分の思いを話すことができる機会となる。しかも新聞社という公的な場とつながることで、自分はひとりではないことを当事者に実感させる。当事者の声が社会問題化の原動力になった。この点については、一九七〇年代以降、多くの国・地域で展開していた新しい女性運動と共通する特色である。

❖新たな視点

当事者が新聞記事に共感し電話をしたことは、すでに当事者自身が、伝統的とされる慣行への批判的な視点をもっていたことを示す。なぜ慣行ということで、女性が排除されるのか。そもそも慣行とは、誰がいつ、何のために行うようになったのか。これらに疑問をもつ視点が、女性たちに広がっていた。

それは一九七五年の「国際婦人年」（当時）に始まり、一九八五年までの一〇年間が「国連女性の一〇年」だったことと、無関係ではない（当時は「女性」ではなく「婦人」という用語が使用されていた。一九九二年日本政府は、「婦人」をやめて「女性」に統一することを決定した）。

性差別への取り組みは、第二次大戦後、国連でも進められてきた。だが両性の平等の法的保障は、選挙権や教育権など公的な場にとどまり、あとは女性の意識の問題であり、女性自身が学習していくことで解決するものと考えられていた。しかも、性差別を克服する学習課題に、親族・家族の領域の問題は排除されていた。親族・家族のなかでは、男と女の役割は違って当たり前であり、「自然な区別」であるとみなされていた。もちろん、個々の女性のなかに男性役割を担う人が登場しても、当該親族・家族が納得していれば、問題ではない。それは当該親族・家族の自由である。ただ一般的には、性差という「自然な区別」に従い男と女の役割を固定的に考えることは、常識だと考えられていた。

このような常識を「性別役割分担論」「性的特質論」と命名、性差別の要因として批判したのが一九七〇年代、先進諸国を中心に同時多発的に起きた新しい女性運動だった。この流れを受け、国連は一九七五年に「国際婦人年」を設定し、各国政府に、「性別役割分担論の打破」という新しい視点にたって女性問題に取り組むことを要請した。

性差別の問題は、公的な、その意味では形式的な平等問題にとどまらない。むしろ家族のなかにこそ潜んでいる。国連の呼びかけは、家族関係のなかで息苦しさを感じてきた女性にとって、大きな勇気を与えた。自然・伝統として正当化されてきた「性区別」を「性差別」として発見・再定義することが、一九七〇年代以降、各国・各地域で広がった。

沖縄の女性たちは、「トートーメー」問題を慣行における性差別として、発見・再定義し、取り組んだ。

❖沖縄の女性運動の特質

新しい女性運動は、新しい視点から問題を発見する。したがって問題への取り組みも既成の女性団体によるのではなく、個別の問題に応じて個人参加を原則に組織化され、運動を展開する。

沖縄の場合、運動の担い手は三年前に結成されていた婦団協が中心であり、婦団協の構成団体も既成の女性組織であったから、必ずしも新しいとはいえない。しかし婦団協が行動を開始した原動力は、新聞記事に賛同する個人にあり、婦団協主催の集会などにも個人参加が目立った。また婦団協という組織も、一九七八年の結成時には、「国際婦人年行動計画を実践する」ことを課題としていた。

この「国際婦人年行動計画」は一九七九年に国連で採択され、一九八五年には日本も批准した（日本の国内法と同じ効力をもつことを認めること）、女性差別撤廃条約を準備するものであった。トートーメー問題に取り組んだ沖縄の女性運動は、既存の女性組織が中心とはいえ、復帰運動を担ってきた経験から共闘には柔軟な姿勢をもち、何より幅広い個人の自発的行動によって支えられていた。

トートーメー問題への取り組みは、従来の労働組合「婦人部」や既成「婦人」団体の活動にとどまらず、自発的に作られた小さなグループや個人もいっしょになって取り組む、新しい女性運動の第一歩となった。ネットワークによる社会的発信という運動スタイルは、一九八五年の「うないフェスティバル」の開催や、一九八九年の沖縄バス若年定年制問題への取り組み（Ⅳ章コラム①参照）へと展開していった。

これら一九八〇年代の女性運動の蓄積が、一九九五年の米兵集団レイプ事件への抗議運動の原動力となった。

3　子どもの人権

❖無国籍児問題

一九七九年、国連の提唱により「国際児童年」が開催された。この年、沖縄では二つの子どもの問題が提起された。ひとつは無国籍児の問題であり、いまひとつは学校のなかの子どもの人権である。いずれも沖縄の子どもたちの問題に取り組んできた人びとが、国際児童年を好機ととらえ、社会問題として提起した点に特色がある。

まず、無国籍児問題である。この問題の根は、当時の日本の国籍法にあった。国籍法二条は、出生のとき父がいる子ども（すなわち、法律婚の場合）については、その父親が日本国籍である場合、日本国籍を取得するとしていた。血統主義であり、かつ父系優先主義であった。父はいかなる国籍の女性と結婚しても、その子に日本国籍を継承させることができた。だが母は、父がいる限り子に自分の日本国籍を継承させることは認められなかった。そのため、外国籍の男性と結婚すると、その子の国籍は相手の男性の国の法律に従うことになり、日本の法律は一切関与しなかった。

しかし、国によって国籍に関する法律の内容は異なる。そのため国際結婚において、夫である外国籍男性の国の法律によっては、その子が父の国籍を継承できないケースも生じる。

アメリカの場合、子の国籍は原則として出生地による（出生地主義）。ただし米国・海外属領以外の土地で出生した子は、両親ともに米国籍の場合、国籍継承できる（例外としての血統主義）。だが配偶者の一方が米国籍でない場合、米国籍者である親が子に米国籍を継承させるには、米国・海外属領に通算一〇年以上（そのうち少なくとも五年以上は一四歳以後）、暮らしたことを証明する必要があった。年齢の若い男性や該当年齢時に外国滞在していた男性の場合、この居住要件を満たすことができず、父として子に米国籍を取得させることはできなかった。

父からも母からも国籍を継承されない無国籍児が、沖縄には一〇〇名以上存在している。これは、明らかに日米両国の責任であった。何より米国籍男性と日本国籍女性との結婚が、沖縄では突出して多い。これは日本政府の沖縄米軍基地政策の結果である。しかも、日本国憲法一四条が両性の平等を掲げているにもかかわらず、一九五〇年に制定された国籍法は、国籍継承の資格を、父母がいる場合は母には認めず父に限定した。この性差別規定を三〇年間放置してきた日本政府の責任は、重大だった。

日本国籍女性は国籍法の制定以来、国籍継承の資格を奪われてきた。ただ当の女性は、日本国籍の男性と結婚した場合、その子は父から日本国籍を継承するため、母たる自分が国籍継承から排除されていることに気づかなかった。沖縄の無国籍児問題は、女性差別と子ども差別が連動しており、女性の結婚の自由、子どもに国籍を継承させる権利、そして子どもの国籍をもつ権利が侵害されている日本の法律の現状を明るみに出した。

❖沖縄の国際結婚

ただし沖縄の無国籍児問題には、もう少し複雑な事情のあるケースが多かった。沖縄の女性と結婚した米軍人らのなかには、戦争に派遣されたり、本国に帰ったりして、連絡が途絶え、事実上の離婚となるケースもあった。「妻子置き去り」事件といわれる問題は、一九五八年に設立された国際福祉相談所（当初は国際事業団沖縄代表部、その後、改称を重ねて一九九八年に閉鎖された）や、一九六一年創立の沖縄人権協会に、多くの相談が寄せられてきた。このような事実上の離婚によって、国籍に関しては、二つのケースが生じた。

ひとつは、残された女性が米国籍の夫との間の子を妊娠していた場合である。出産後の子の登録は、父の国籍継承資格を証明する必要があるため、夫本人がしなければならない。しかし夫による手続きはできないため、無国籍児となるケース（ケースａ）である。

いまひとつは、事実上の離婚の後、日本国籍男性と知り合い同棲にいたった女性に、子どもができる場合である（ケースｂ）。離婚は事実上にすぎず、法的には米国籍の夫との結婚が継続している。そのため子どもの出生届をすると、米国籍の夫の子と推定される。この場合、手続き上は「ケースａ」と同様、米国籍の夫による手続きができないから、無国籍児となる。しかし、「ケースａ」と異なり、「ケースｂ」の子どもの事実上の父親は、日本国籍の男性である。したがって子どもは日本国籍にもかかわらず、外国人登録を余儀なくされ、かつ無国籍となる。これを避けるためには、届出をしないことしかない。「ケースｂ」では、登録されないままになり、無戸籍児ともいうべき事態が生じた。

赤ちゃんは、出生によって人間としての権利が保障される。人権保障の第一歩は、「登録される」ことにある。社会を作ることで生存を確保する人間にとって、社会的存在となることは極めて重要であり、赤ちゃんには「登録」が保障されなければならない。しかし、沖縄の無国籍児のなかには、登録されない子どもが存在していた。

子どもの権利条約七条は、「名前」と「国籍」をもつ権利を宣言する。だがこの二つの権利の保障は、「登録」によって確認される。したがって七条は、「名前・国籍をもつ権利」の宣言を、次のような文章から始める。

「児童は、出生の後直ちに登録される」
登録は「権利」の前提の行為である。その行為さえ阻まれたのが沖縄の無国籍児の実態だった。

❖「離婚後三〇〇日問題」としての無戸籍児問題

無戸籍児は国際結婚だけの問題ではない。二〇〇七年に社会問題化した「離婚後三〇〇日問題」も無戸籍児問題である。それは、結婚届制度に問題があることから発生する。

結婚届の役割は、父親を推定するところにある。確定ではなく「推定」でしかないのは、結婚届が提出されていても、本当のところ、その子の父が結婚届に記載されている夫たる男性なのかは、法律では判断できないからである。ただし出生届から一年経過すると、「推定」から「確定」になる。

結婚届による父の推定制度は、人間にとって生物的な父の確定は難しいが、社会的・法的な父を早く決定することが子の利益になる、との判断にもとづいている。ところが、結婚届による父の推定は、結婚届のある期間に子が「出生」することではなく、その期間に妻たる女性が「妊娠」することを、根拠とする。民法七七二条は、次のようにいう。

「妻が婚姻中に懐胎《かいたい》した子は、夫の子と推定する」

生物的な父の確定が困難だという、もともとの事情に加えて、民法七七二条は「妊娠」という、これまた日常生活において正確に測定することが困難な事実を根拠に、父の推定をする。そのため、七七二条二項では、子どもが離婚後三〇〇日以内に生まれた場合は、子の父は離婚した男性と推定するとしている。

しかし事実上の離婚は、法律上の離婚と必ずしも一致しない。離婚届の提出には、双方の合意が必要であり、その合意の成立には時間がかかるケースも多い。沖縄の無戸籍児のように、夫の行方不明によって、事実上の離婚状態に放り出される事態もある。「離婚後三〇〇日以内」問題では、事実上の離婚後、新しい男性と同棲した場合、先の夫との離婚届の提出後三〇〇日以内に、新しい男性との間に子が生まれるケースが生じている。この場合、子の出生届を出すと、離婚した男性が父として推定される。これを避けるために、出生届を出さないケースが生じている。これが最近問題化している、無戸籍児問題である。

無戸籍児問題は、父の確定をめぐるものであるから、男性問題である。結婚届には、男性が自分で父と認める「認知届」よりも、はるかに強い父の推定機能が認められていることから生じる問題であり、いわば男性の自己決定権の侵害ともいえる。しかも離婚した男性にとっても、自分の子でないことは明らかにもかかわらず、自分の子として登録されることになり、その訂正に関与することを余儀なくされる。これは男性問題として、当事者たる男性たちによる積極的な運動が求められる。

ところが無戸籍児問題は、離婚後三〇〇日問題として生じる場合も、沖縄の無国籍児問題にみられたケースでも、いずれも女性の問題、それも当事者たる女性の道徳問題とみなされる傾向がある。女性は子どもを産む以上、戸籍をきれいにして、子どもに迷惑をかけないようにすべきだとして、母親のモラルが問われる。子どもの登録される権利という基本的人権の侵害状況が生じているにもかかわらず、法律改正の動きも鈍い。子どもの登録される権利の侵害が、母親への道徳的非難によって、正当化されている。

❖無国籍児の母の願い

沖縄の無国籍児問題においても心配されたのは、この母親への道徳的非難であった。一九七九年の国際児童年をきっかけとして、沖縄国際相談所は無国籍児問題を提起したが、その中に無戸籍児問題は、注意深く除外されていた。離婚届を出さないまま、別の男性との間に子を産んだ女性に対しては、道徳的非難が集中するのではないかと心配された。結婚届制度に合致して生まれた子ども（婚内子）の無国籍問題と、結婚届制度によっては認められない状況で生まれた子ども（婚外子）の無戸籍問題とは、世間の見方が異なるのではないかと憂慮されたのである。もちろん、その後すぐに国際福祉相談所は、婚外子も婚内子も、権利において平等であるとの姿勢を明確にした。

無国籍児の母となった女性は、米国籍の男性との結婚・離婚という人生を生き抜きつつ、子どもの国籍取得という困難な課題を担わなければならなかった。彼女らは法の厚い壁だけではなく、道徳的な非難の目にも囲まれ、子どもを無国籍にしてしまったという、自責の念にさいなまれた。

それでも一九七七年、国際福祉相談所の協力で「国際児母の会」が発足し、一九七九年六月には、その「国際児母の会」が国籍問題の解決を願う宣言を出した。外国に住む国際結婚をした日本女性たちも、たとえば西ベルリンで国籍法改正の署名活動を展開した。外国籍男性と結婚することで日本社会から排除されてきた女性たちが、当事者として声をあげるようになった。

日本の女性たちも、国籍継承者から排除される当事者としての関心をもった。当時、女性差別撤廃条約批准を求める動きが、女性たちの間で活発化していた。女性差別撤廃条約は、九条二項で「国籍に関する権利の平等」を規定している。「締結国は、子の国籍に関し、女子に対して男子と平等の権利を与える」と。明らかに女性差別撤廃条約は、日本の国籍法の父系優先主義を父母両系主義へと変更することを要求している。国籍法の改正は、女性差別撤廃条約の批准の前提条件であった。

これらの声に押されるように、一九八五年国籍法が改正され、父と同様、母も子に国籍を継承できるようになった。法改正によって、「父又は母」が日本国籍者であれば、子は日本国籍を継承できることになった。「又は母」のたった三文字が欠如していたために、沖縄で無国籍児問題が生じ、長い間、子どもと母は苦労を重ねることを余儀なくされてきた。

しかし国籍法改正だけで、沖縄における国際結婚が抱える問題が解決したわけではない。一九九〇年代には、国際結婚によって生まれた子どもたちの教育権問題が、浮上する（Ⅴ章の2参照）。

❖学校のなかの子どもの人権

国際児童年の一九七九年、沖縄人権協会は「子どもの人権――国際児童年によせて」というシンポジウムを開催した。これが沖縄人権協会として最初の「子どもの人権」への取り組みであった。そして一九八一年一二月、沖縄人権協会は「人権とは何か――陽のあたらぬ人権に光を」というテーマで、女性の権利、未組織労働者の権利、障害者の権利、父子・母子家庭の問題などとともに、あらためて子どもの人権を取り上げた。いずれの領域からも重要な問題提起がなされたが、参加者の関心は「学校における子どもの人権」の問題に集中した。なかでも一九七四年、丸刈り規則のある中学校に丸刈りをせずに通学し、校則を変えさせた経験をもつ当事者の発言に注目が集まった。

これを受けて沖縄人権協会は一九八二年六月、シンポジウム「子どもの人権――学校での生活指導を中心に」を開催した。教師・親・研究者の三者による討論を行い、問題の所在を探った。そのなかで、沖縄の教師が復帰運動において大きな役割を果たしてきたことを評価しつつ、その教師が子どもに対して人権意識をもって対応してきたのかが問題となった。シンポジウムでは一九七八年に子どもが私服通学をした経験をもつ親が、ほかの子どもたちからの嫌がらせや教師からの強制指導にあった経験を語った。

沖縄人権協会は、このシンポジウムの記録に、判決などの資料を加えたパンフレット『学校における子どもの人権』を一九八三年に発行した。校則改正を期待してのことだったが、大きな変化はみられなかった。

一九八六年三月、沖縄人権協会は、新たな活動を開始した。三月二〇日、中学生に対する「丸刈り強制の廃止を求めるアピール」を発表し、県内で小学校五年生以上の子どもを含めて、署名活動を展開したのである。それは同年一月、沖縄人権協会開催のシンポジウム「子どもと教師の人権を考える」で、丸刈り強制の実態が明らかにされ、早急な対策への強い要請が出されたからだった。しかし、なぜ署名活動だったのか。それもなぜ、「丸刈り校則の廃止」ではなく、「丸刈り強制の廃止」を求めたのか？

❖丸刈り校則の法的効力

「丸刈り強制の廃止を求めるアピール」の内容は、丸刈り校則があるからといって、校則に従わない子どもに対し、丸刈りを強制することは許されないというものである。それは沖縄人権協会の独自の見解ではない。すでに一九七四年、日本弁護士連合会による勧告でも、丸刈り校則の強制が人権侵害であることは、明らかにされていた。また、「丸刈り校則」を違憲だとして子どもと親が提訴した事案に対する熊本地裁判決でも、一九八五年、丸刈り校則が強制できない点を確認していた。

だが一九八五年の熊本地裁判決の内容は、不正確にしか伝えられていなかった。この事件は、丸刈り校則をもつ学校関係者から注目されており、判決までは丸刈り指導を控える中学校もあった。そして熊本地裁判決の結論は、原告の敗訴だった。これを新聞は、「丸刈り合憲判決」という見出しで報道した。丸刈り校則が合憲と判断されたのであれば、子どもに強制できるとの思い込みが、教師の間に広がった。その結果、丸刈り強制のための体罰や教育拒否などの対応が起き、沖縄人権協会への相談も深刻化した。

たしかに熊本地裁判決の結論は、丸刈り校則を違法ではないとして、原告は敗訴した。しかしその内容は、原告である中学生の勝訴ともいえるものだった。丸刈り校則を正当とする中学校側の主張は、ことごとく退けられた。

「丸刈りが……中学生にふさわしい髪型であるという社会的合意があるとはいえず、スポーツをするのに最適ともいえず、……清潔が保てるというわけでもなく、……頭髪を規制することによって直ちに生徒の非行が防止されると断定されることもできない。……その教育上の効果については多分に疑問の余地がある」

だがこの判決文は、次のように続く。

「が、著しく不合理であるとは断じることはできないから……校則を制定・公布したこと自体違法とはいえない」

校則制定は中学校の校長の権限である。この校長の裁量行為を、「著しく不合理」か否かを判断することが、裁判所の役割である。そして判決はいう。たしかに丸刈り校則の合理性は疑わしい。だがこの校則は、部外者である裁判所が違法あるいは違憲として、無効としなければならないほどには、「著しく不合理」ではないと。

なぜ教育効果もない不合理な丸刈り校則が、「著しく不合理」とはいえないのか。その理由は、原告である子どもが、一度も丸刈りにしていなかった事実にある。この事案では、丸刈りにしないで通学を始めた子どもは、中学校三年間一度も丸刈りにすることなく卒業した。この事実を熊本地裁判決は、丸刈り校則が強制されなかったと評価した。

実際には、丸刈りにせず通学した子どもと親は、提訴するまでは子どもからのいじめや教師・親からの干渉など、さまざまな圧力を受けた。しかし提訴によって、干渉がなくなり、丸刈りにすることなく子どもは通学を続けることができた。判決は、提訴前の事実や提訴後の事情には無関心なまま、丸刈り規則の下、当該子どもは校則に従わないまま無事卒業できており、丸刈り校則の強制による人権侵害はなかったと判断した。それが丸刈り校則を違法ではないとする結論を導いた。

丸刈り規則は、義務教育である中学校において、守ることが「望ましい」ものとして学校が提示しているにすぎず、強制はできない。丸刈り規則をもつか否かは、各学校の判断であるが、丸刈り規則があるからといって、教師は子どもに丸刈りを強制することはできない。それは法的には明白なことであった。

一九九七年、最高裁は別の事案で丸刈り規則を含む校則について、「これらの定めは、生徒の守るべき一般的な心得を示すにとどまり、……個々の生徒に対する具体的な権利義務を形成するなどの法的効果を生じるものではないとした原審の判断は首肯するに足りる」と述べた。丸刈り校則は「心得であって法的義務でない」のである。

日本国憲法一三条は、「生命、自由及び幸福追求に対する国民の権利については、……最大の尊重を必要とする」と述べる。どのような髪型にするかは、当人の人格に関わる事項であり、人格権として保障される。だが現実には、教師はもちろん子ども自身も親も、丸刈り校則が強制できないことを知らなかった。沖縄人権協会のアピールは、丸刈り校則を廃止することではなく、丸刈り校則が強制できないことを、広く知らせることを意図していた。そしてアピールにとどめず、小学校五年生以上を対象に署名運動を展開したのは、教師や親だけでなく、当事者である子ども自身の法的リテラシーを高めることが課題とされた。

これは大きな反響を呼び、丸刈り規則を廃止する学校も現れた。一九八六年当時、那覇市内の中学校一七校中、長髪容認は一校のみだったが、一九九一年には一〇校を超えた。一九九一年には、当事者である親や子どもたちが集まり「子どもの人権を考える会」を発足させた。

実は一九八五年一〇月、日本弁護士連合会は、人権擁護大会のシンポジウムで「学校生活と子どもの人権――校則・体罰・警察への依存をめぐって」を取り上げた。そこでは、がんじがらめの校則による子どもの管理や体罰の実態が、日本全国の学校で起きていることが報告され、マスコミでも大きく取り上げられた。

これに対し沖縄では、すでに一九八一年から八三年に、シンポジウムの開催やパンフレットの作成が行われていた。そして一九八六年、沖縄人権協会はさらに踏み込み、丸刈り規則の強制は許されないことを教師にも子どもにも知らせる、より具体的な方法として署名活動を展開した。沖縄という狭い地域であるだけに、訴えがあれば実態の把握は可能だが、それ以上に、教師と対立する子ども・親のプライバシーを守ることが重要になる。そのなかで地域の法的リテラシーを高めることを重視し、丸刈り規則が強制できないことを、署名活動によって周知させることが試みられた。

4　天皇と沖縄

✣海邦国体

一九八〇年二月、第四二回国民体育大会が一九八七年に沖縄で開催されることが決定した。八七年は復帰一五周年にあたるため、日本復帰記念事業ともみなされた。だが国体は単なるスポーツ大会ではない。日本という国家の一県・一員であることを各県民に確認させる大規模な儀式でもあった。したがって開会式には天皇が出席し、「日の丸」掲揚・「君が代」斉唱、そして自衛隊の協力など、国家的儀式としての要素が盛り込まれていた。沖縄にとっては、日本社会への統合の成果を迫られる一大イベントとなった。

「海邦国体」と命名された沖縄での開催をめぐり、とりわけ「天皇の沖縄訪問」と「日の丸・君が代」が問題となった。いずれも天皇に関わる問題である。なぜ沖縄で天皇の存在が社会問題化したのか。まずは日本国憲法における天皇の地位を明らかにしておこう。

❖日本国憲法における天皇の地位

憲法九九条は、すでにみたように最初に「天皇」をあげ、憲法尊重擁護義務を課している。天皇は国務大臣、国会議員、裁判官、その他の公務員と同様、憲法上の一機関として憲法を尊重し、擁護する義務がある、と。ただし天皇は、他の公務員とは異なる特殊な地位にある。憲法一五条は公務員を選定し罷免することは、国民固有の権利である、と宣言している。

しかし天皇は、国民による「選定・罷免《ひめん》」の対象ではない。天皇は、憲法二条により「世襲」によって決まり、民主的手続きは排除されている。その家に生まれたことによって、特権的な地位につくことは、封建時代に存在したことであり、民主主義の時代には否定されている。ところが、日本国憲法は天皇に関しては、世襲による地位を認める。そのため、憲法一条は天皇の地位を、「主権の存する日本国民の総意に基づく」とわざわざ断わっている。

このように天皇は、一方で憲法尊重義務を負い、主権者たる国民の総意に基づくとされるが、他方、世襲という非民主的な手続きによって選定されるという、特殊な地位にある。それは日本国憲法が、大日本帝国憲法の天皇を否定したうえで、まったく新しい制度として天皇を置くことにしたということを示している。

大日本帝国憲法では、主権者は天皇だった。主権者である天皇は、臣民に対し、大日本帝国憲法に「永遠に従順の義務」をもつことを命じた。日本国憲法九九条が、天皇に対し憲法尊重擁護義務を課したことは、明治憲法への鋭い批判である。

それだけに日本国憲法一条は、主権者は国民であって天皇ではないこと、天皇はあくまで国民の総意によって置かれているにすぎないことを、宣言している点に重要性がある。そのうえで第一章「天皇」では、天皇が一切の実質的な権限をもたない、形式的な飾りの仕事のみをすること、その仕事も憲法上に規定のあることだけをすることを、具体的に定めている。

これほどまでに日本国憲法は、天皇の地位が大日本帝国憲法と断絶したものであることに注意を払っている。ところが大日本帝国憲法のときの天皇と、日本国憲法になってからの天皇が、現実には同一人物＝昭和天皇であった。ここに沖縄において天皇をめぐる問題が噴出する要因があった。

❖日本政府の意図

国体は、都道府県ごとに開催され、各県の持ち回りである。そして沖縄県は、国体を開催していない最後の県であり、今回の開催により国体は日本全国を一巡することになっていた。日本の県の中で最後の開催地である沖縄への、昭和天皇の訪問を重視したのは、日本政府の側であった。

戦後、昭和天皇は戦争の惨禍をもたらした責任者として、国民の厳しい目を受けつつ、象徴天皇として出直すために積極的に各地を訪問し、それによって「国民の総意」を取り付けてきた。国体への天皇出席にも、その意味が込められていた。

しかし日本国内で唯一、昭和天皇が訪問していない土地があった。それが沖縄である。天皇の年齢を考えても、沖縄で開催される「海邦国体」への出席は、昭和天皇にとり最初で最後の沖縄訪問の機会であった。結局、天皇は病気のため出席できなかったが、日本政府にとって、海邦国体を機に昭和天皇が沖縄訪問をすることは、戦後の象徴天皇制への転換を完成させ、沖縄を日本社会へと統合させる象徴的な意味があった。

沖縄は、昭和天皇を戦後の象徴天皇として受け入れるのか。日本政府の意図は、昭和天皇が沖縄に対して何をしてきたのかという議論を、沖縄に生じさせた。問題は二点あった。ひとつは、「天皇の戦争責任」であり、いまひとつは「天皇の戦後責任」である。

❖天皇の責任

天皇の戦争責任とは、開戦の責任だけではない。敗戦が決定的となった一九四五年二月、近衛文麿元首相により和平の決断を進言された昭和天皇は「もう一度成果をあげてから」と言って、戦争を続行したという事実である。この時点で昭和天皇が和平を決断していれば、沖縄戦も広島・長崎への原爆投下もなかったのではないか。沖縄の人びとが、この事実に無念の思いをもつのは、沖縄戦の体験にある。

一九四五年六月二三日（二二日の説もあり）、沖縄戦の指揮にあたった牛島満・陸軍司令官は自決したが、住民を巻き込んだ持久戦を展開したため、多くの県民が戦争の犠牲になった。乳幼児や高齢者らが殺戮される事態に、敵方の米兵も大きな衝撃を受けたことは、よく知られている。

それより前の六月六日、大田實海軍司令官は、「沖縄県民斯ク《カ》戦ヘリ県民ニ対シ後世特別ノ御高配ヲ賜《タマワ》ランコトヲ」という沖縄県民の敢闘の様子を込めた電報を海軍次官に送った。天皇への忠誠が無残な沖縄戦を引き起こしており、これは昭和天皇が「もう一度成果を」と望んだことへの応答であろう。

いまひとつ、天皇の戦後責任の問題があった。これは一九七九年に発見された、天皇がＧＨＱに出したメッセージである。天皇は一九四七年九月の文書で、アメリカが沖縄を長期間にわたって軍事支配することは、アメリカにとっても日本にとっても利益になるとの判断を伝えていた。すでに日本国憲法が施行され、昭和天皇は象徴天皇へと変わっていたにもかかわらず、あたかも戦前の天皇であるかのように、外交文書をＧＨＱに送っていた。しかも天皇自ら、沖縄の軍事支配をアメリカに要望していたのである。

沖縄は天皇が訪問していない唯一の県であったが、それは偶然ではなく、沖縄を訪問できない理由があった。沖縄は昭和天皇にとり、戦争責任と戦後責任を問われる場所だった。にもかかわらず、あるいはだからこそ、日本政府は天皇の沖縄訪問にこだわった。過去に沖縄戦も米軍事支配もなかったかのように、沖縄が日本の一県となった証として、天皇の沖縄訪問を実現させることを意図した。

天皇という地位は、日本国憲法にとり、「不真正の妥協」といわれる。世襲によって特権をもつ人を認めないことは、封建制度を打破し、民主主義を確立しようとする近代憲法の出発点である。にもかかわらず、日本国憲法は天皇を認めている。そうであればこそ、天皇の果たしてきた過去の政治的役割を反省し、日本国憲法の下、天皇の政治利用を許さないよう監視することが、私たちの課題である。

沖縄で天皇の責任問題が議論されたことは、あらためて戦後日本の問題を浮上させた。私たちは大日本帝国憲法により主権者として君臨していた昭和天皇その人が、日本国憲法下の象徴天皇へと変身することを、あまりに簡単に素早く容認してしまったのではないか、と。

全国一巡最後の国体の開催地・沖縄において、昭和天皇の戦争責任・戦後責任を問う作業が行われ、あらためて日本の天皇問題が問われた。ところが本土では、この現象は沖縄の特殊な問題、すなわち沖縄問題とみなされ、日本の問題として再浮上することはほとんどなかった。

若尾　典子【わかお・のりこ】：一九四九年生まれ、佛教大学教授。名古屋大学大学院法学研究科修士課程修了、元琉球大学非常勤講師。専攻は憲法学、ジェンダー研究。著書『ジェンダーの憲法学』（家族社）『わがままの哲学』『女性の身体と人権—性的自己決定権への歩み』（共に学陽書房）ほか。

第Ⅳ章コラム❶

◆バスガイド若年定年制訴訟

沖縄バス　城間 佐智子

今になって振り返ってみるとよく見えるものがあります。

バスガイド三五歳定年制は、ガイド職が女性である場合のみ成り立ったものでした。職務内容より見てくれが重視され、当初二七歳の定年制を、私自身何の疑問も持たずにバスガイドとして入社したものでした。

しかし仕事を始めると、年月とともに培われる仕事の醍醐味を知り、バスガイドの価値観は単に若さや見てくれだけでないと実感しました。よって企業の職種別定年制と称して、ガイド職のみの若年定年制に疑問を感じたのは私だけではありませんでした。

ガイド若年定年は労使間の争議にもなりましたが、組合役員はほとんど男性で、それが女性差別であるという意識（人権感覚）が低く、企業のいう職種別ガイド三五歳定年制を認めてしまいました。私たちはバスガイド若年定年訴訟を起こしました。

私は意見陳述の中で、「もし男性ガイドがいたら、この三五歳定年制は納得したでしょうか」と問いかけました。雇用機会均等法のコース別雇用（一般職・専門職）の職種別定年制への抜け道になることを、弁護団の一員だった故中島通子弁護士も危惧していたところです。「そんなことで均等法を骨抜きにしたくない」と。

この裁判には多くの方々が、自分の問題として関心を持ちアクションを起こしてくれました。ガイドたちはもちろんですが、弁護団（後に組合支援で弁護団を結成）、市民団体、人権協会の方がたからは、さまざまな分野の助言や支援を受け、ともに行動してくださいました。

マスコミの方がたも紙面やテレビなどで取り上げ、また取材を通して情報をいただくこともありました。とくに同じ視点を持つ女性のネットワークは、大きな活力源となり世論を起こしました。

これらのもろもろの出来事が裁判に大きく影響

し、ガイドの若年定年の合理性は崩れ、私たちの主張を全面的に認めた形で和解勧告に応じました。一年二カ月の激動の年を経て、一九八八年に職場復帰を勝ち取りました。

しかしそれは到達地点ではなく、始まりにすぎませんでした。

この訴訟を機に、人権（生きる権利・働く権利・生活する権利・生き甲斐・何より個人が自分らしく生きる権利）を意識して物事を見るようになりました。すると意外に私たちの周りにはまだまだ権利意識の薄さや、これが女性差別だと見抜けない風俗習慣が息づいていることの多さに気づきました。

雇用機会均等法を盾に訴訟を起こした私は、均等法の脆《もろ》さを痛感しました。均等法が産声を上げたころは、確かに強制力がなくあいまいなところがありましたが、少なからず私同様に差別に対して声を上げる女性が権利意識をもち、権利を主張する人が増えてきました。

改正後はセクハラの問題も人権問題として客観的に見られるようになったことなど、均等法の功績だと思います。反面、男女の格差がなくなったように思えますが、本当は雇用の多様化で見えにくくなっているだけで、もっと内容を充実させなければならないことが多く、課題が残されているのも確かです。

最近、よく男並みに働きたくないとの声も聞こえてきます。女性の権利を考えることは、男性の権利についても考えることが必要なのです。私は常に、人権に関わることに敏感でありたいと思っています。

このような意味で、啓発活動や検証を行う沖縄人権協会の果たす役割は、ますます大きくなると思います。

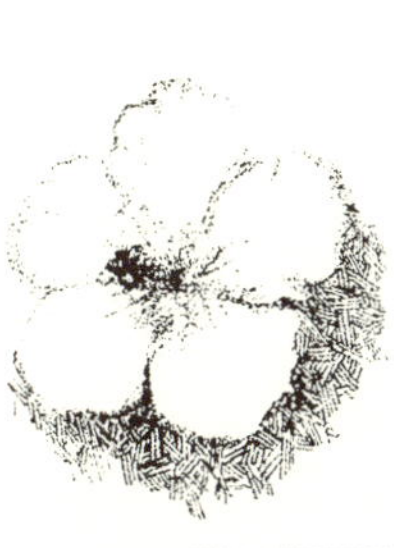

第Ⅳ章コラム❷

◆丸刈り校則体験記

琉球放送アナウンサー　狩俣　倫太郎

この原稿依頼を受けて改めてカウントしてみると、もう二五年もの歳月が流れたのだと、大変懐かしく感じる。

小学校を卒業して地元の公立中学校に進学した私は、新しく始まる学校生活に大きな期待で胸を膨らませていたのを覚えている。同時に少なからず不安を抱えていたのも事実である。と言うのも、当時はほとんどの公立中学校で校則によって男子生徒は髪型が丸刈りと定められており、我が母校も例にもれずその校則を採用していた。校則で髪型まで規制されることに対して疑問を抱いていた私は、中学校入学前に家族にその胸の内を相談した。いろいろ話し合った結果、両親もこれは校則の前に人権にかかわる問題だと判断し、対応してくれることに。入学前に学校と話し合いの場をもち、ひとまず丸刈りにせずに入学し、継続して話し合いをすることになった。

今でも忘れられないのは入学式の当日、たまたま新入生代表で挨拶をした私の髪型を見て体育館を埋め尽くしていた在校生、新入生、保護者の皆さんがどよめいたのである。それから私と私の家族、そして学校の、一年に及ぶ長い話し合いは始まったのであった。

ほぼ毎休み時間に職員室や生徒指導室に呼び出され指導を受けていた私は、なかなか言うことをきかない、手にあまる少年だったのかもしれない。とは言っても、まだ一三歳だった私の小さな心は、自分でも気づかないストレスを感じていて、一度家族の前で声を上げて泣いたこともあった。これは今まで誰にも話したことはない。

私の親も、学校と難しく長い話し合いを繰り返した。問題は、当時まだ頭髪問題を人権問題として捉える土壌が整っていなかった点である。丸刈りの校則を守らなかった生徒は、生徒指導室に呼ばれてバリカンを入れられたくらいだ。今考えると大問題だが、当時はまだこのようなことがまかり通っていた時代である。先生方は、教え子の人権を侵害している意識などなかったはずだ。人権は気づかないうちに侵害されたり、または逆に侵害したりしてしまうこともある。

だから頭髪問題を人権の問題として話し合いの席に着く私の親と、「規則だから守らなければ」と主張する学校や担任との話し合いが、毎回数時間にも及んだのも無理もない。

学校では途中から生徒会の場でも頭髪問題が話されるようになり、学校全体を巻き込んだ議論へと発展していった。当然私も毎回中央委員として会議に出席して、意見を述べ続けた。今考えると、その背景には丸刈りの強制に無理が生じ始めていた社会的過渡期に、生徒たちにしっかりとこの問題を考えさせるという、先生方の教育的配慮があったかと思う。ありがたいことだ。

結局、この話は丸刈り以外の髪型も認めるという形で、私が中学二年に上がる直前に決着することに。具体的には全校生徒の総意として生徒会から学校に要望を上げて、それを学校が認めるという形が取られた。新学年が始まり、同級生や先輩たちの髪がどんどん伸びていくのを見るのが、とてもうれしかった。その後は次つぎと他校でも校則が変わり、今ではすべての中学生が自分の好きな髪型を選べるようになったのである。

一連の出来事を振り返って思うことがいくつかある。まず私が「校則で髪型まで決められるのはおかしい」と訴えたとき、それを人権の問題としてとらえてくれたリベラルな両親への感謝である。

そして学校で一人戦わなければいけなかった私を、注意深く見守り、支えてくれた両親と姉との間で得た固い絆は、何ものにも換えられない宝である。

また時間をかけて一番民主的な方法での解決策を示してくれた、賢明な学校関係者への感謝は忘れられない。そして何よりも私が学んだことは、人権とは当たり前に与えられた権利ではなく、これまでもそしてこれからも、その時代時代で気づいて勝ち取る小さな権利の積み重ねなのだということである。

今ではどの中学校でも認められている丸刈り以外の髪型であるが、そこに至るまでにはこんな昔話があったのである。

第Ⅳ章コラム❸

◆安保条約と日米地位協定

永吉　盛元

日米安保条約があって、施行のためにその第六条に基づいて具体的なかたちで制定されているのが、日米地位協定である。この二つが日本における米軍基地の存在する元となる法である。その下にさらに協定、交換公文、議定書、合意議事録などがあって、その内容や関係は複雑である。国内法との関係もわかりにくい。実際の適用、運用において私たち国民が理解できないこと、疑問に思うことが多すぎる。とくに基地の現実の運用についてはいろいろな協定があって、それに関連して国内特別法もある。

沖縄に住む者にとってさらに問題なのは、日常的に耳にする日米合同委員会の存在である。その性格、根拠がよく分からないうえにこの委員会で基地に関して日米が合意する内容について、問題が多く、しかも公表されないものが多く、私たちの生活と権利に大きな障害を与える。

日米合同委員会は、基地の実際の運用に関して重要な役割を担っているが、その実態は必ずしも明らかではない。

地位協定二五条で日米両政府の協議機関として、この地位協定を実施するためのすべての問題を協議することが目的だとする。委員として日本側は外務省の北米局長、米国側は在日米軍参謀長。議事録は作成するが、それは公表されるとは限らない。

この合同委員会は地位協定の実施にかかわるもので、しかも外務省の局長と米軍の参謀長のみの協議で決めることであり、国会の審議を経るわけでもないので、あくまでも地位協定を実施する範囲の権限しかない。それ以上の、たとえば国民に新たな義務を負わせるような権限はない。

ところが権限がないはずの合同委員会で、国内法に反する合意がなされ、米軍が特権を有することが起きる。

たとえば地位協定二四条一項で日本側に負担を

かけないとされていた駐留米軍のための労務費用は、すべて米軍が負担することになっていたが、日米合同委員会の合意により、その労務費用の一部を日本側が負担するようになった。その後、日本側の負担は増額され、いまや労務費のほぼ全額を日本政府が負担している。

また、基地内にある米軍人などが所有する家屋には固定資産税を課さないことを、日米合同委員会は決めた。これは米軍に免税特権を与えたもので、明らかに地位協定の定めに反するものである。

合同委員会は、自動車税についても米軍人などには大幅な減税をすることを決めて、固定資産税と同様、国会の承認なしで免税措置をとったのである。

刑事手続きに関して、米軍人の犯罪が公務中か否か、犯罪の捜査などについては合同委員会の「刑事裁判管轄権に関する合意事項」により、米軍人の公務中の行為か否かは、その被疑者の部隊の指揮官から検事正あての証明書によるとして、「反証のない限り」この証明書に基づき「公務中」と認定されるのである。

日本側としては、一方的な米軍の公務証明書によらざるを得ないので、どうにもならない。米軍人による犯罪が起きるたびに、被害者となる沖縄の人びとの味わう怒りである。

米軍は基地内においては、基地の運営、設定、警護、管理のための必要なすべての措置を取ることができるとなっている。いわゆる基地管理権といわれるものだ。米軍がこの排他的にして強大な権限を有するため、基地には日本の法律の適用がないといわれている。

強大な権利をわが国は米軍に与えていることになる。基地の使用目的、内容に何らの制限もないのは大きな問題である。基地に重要な変更がある場合に必要とされる日本政府との事前協議も、実質機能していない。

米軍の基地使用の目的はあくまでも安保条約第六条に規定される。そこには極東における平和と安全のためとある。しかしその範囲は拡大されるばかりである。

日米首脳は一九九六年四月、日米安保共同宣言を発表し、日米安保条約は「日米同盟関係の中核であり、地球的規模の問題について日米協力の基盤たる相互信頼関係の土台」とした。この共同宣言は「安保再定義」ともいわれ、安保条約がなし崩しにされていく一歩となった。一九九七年九月、新たに「日米防衛協力のための指針」（いわゆる新ガイドライン）を発表し、日本に対する武力攻撃又は周辺事態に対し、「日米協力を行うための堅固な基礎」を構築した。

新ガイドラインがいう「周辺事態」に対処となれば、日米軍事基地は安保条約六条の提供目的を超えた軍事行動に使用されることになる。

前述のとおり、地位協定、とりわけ合同委員会の恣意的運用・解釈が、一層危険な状況をむかえる不安がある。

米軍基地は、地位協定二条三項で、その必要性がなくなったら、いつでも日本国に返還されなければならない、そのために常にその必要性を検討しなければならないと明記されているが、はたして日米両政府はそのことを真剣に検討しているであろうか。

日米安保条約を実施するために、日米間で交された合意事項は私たちの国民生活に重大な影響を与える。憲法が保障する国民の基本的な人権が侵害された場合、その効力が問われるのは当然で、違憲審査の対象となる。

安保条約が違憲か否かが問われた事件に、砂川事件（一九五七年七月、米軍基地としての飛行場拡張工事に反対するデモ隊が飛行場に立ち入った事件）があり、沖縄における刑事特別法違反事件（一九七六年九月、米軍の実弾射撃演習を実力で阻止した事件）がある。二つの事件とも刑事特別法第二条違反の罪（米軍の施設または区域を侵す罪）で起訴されたが、裁判所は重大な政治性があるとして「統治行為論」を持ち出し、裁判所の審査の対象にならない、また一見明白に違憲とも言えないとして、被告人を有罪とした。

安保条約、そしてそれを実施する日米地位協定は、ますます軍事同盟の色を濃くして、明らかに憲法と相いれない状況となっている。私たちは国民の基本的人権との関わりを常に検証し、安保条約とその実施にあたる地位協定の実態に対して監視、抗議行動を怠ってはならない。

第Ⅴ章
1990年代の人権問題の諸相

――――永吉 盛元

韓国・済州島で1998年８月に開かれた国際シンポジウム「東アジアの冷戦と国家テロリズム」に沖縄人権協会も参加。ノーベル平和賞受賞者でのちに東チモール大統領になったラモス・ホルタさん（後列左）を囲んで。

冷戦が終結したあと、九〇年代には新たな雪どけの季節が訪れるものと期待された。しかしその期待は九〇年八月、イラク・フセイン大統領によるクウェート侵攻によって早くも突き崩される。この湾岸危機を迎えて、アメリカはただちに戦争準備態勢に入り、半年をかけてペルシャ湾岸に大軍を終結、翌九一年一月に湾岸戦争の火ぶたを切り、わずか一〇日間でイラクを屈服させた。

この戦争によりアメリカは中東からアジア・太平洋にかけての広大な地域を戦域とする世界戦略の構築に入り日米安保体制もその中に組み込まれることになった。とりわけ沖縄の基地は、「太平洋の要石《かなめいし》」として以前にも増して重視されることになった。

それに対する沖縄の人びとの怒りが、九〇年代半ばに爆発する。

1 「少女暴行事件」から普天間問題へ

❖後を絶たない米兵による犯罪

基地は諸悪の根源ともいわれてきた。基地があれば米軍人、軍属による犯罪が多発する。米兵による凶悪事件の多くは、女性に対する性的暴力事件としてあらわれる。

一九七二年の施政権返還以降の主な事件、事故を列挙する。これらの事実は沖縄の住民にとって最大の脅威が米軍であり、軍事基地であることを雄弁に物語っている。

・コザ市内の特殊浴場で米兵が女性従業員を絞殺（七二年一二月一日）

・金武町《きんちょう》のブルービーチで弾拾い中の女性が米軍戦車に轢かれ死亡（七三年四月一二日）
・嘉手納《かでな》基地内の武器庫から短銃四〇丁、実弾四八〇〇発盗難（七三年一〇月二〇日）
・金武町で米兵が女子中学生二人の頭を石で殴り暴行（七五年四月一九日）
・読谷村伊良皆《よみたんそんいらみな》の読谷高の校庭に米兵のパラシュートが落下（七九年五月二六日）
・北谷町《ちゃたん》の民間地区で米兵同士約一〇〇人がケンカ暴動（八一年六月二〇日）
・金武町の民家で米兵が就寝中の男性を刺殺（八五年一月一六日）
・沖縄市で海兵隊員がインド人男性を殺害（九一年六月二〇日）
・金武町の繁華街で海兵隊員が日本人男性を殺害（九三年四月一二日）

そして一九九五年九月四日、沖縄本島金武町で米兵による少女暴行事件が起こった。この事件は「米兵による少女暴行事件」が一般的に定着した表現となっているが、事件の本質に即すと「米兵による集団レイプ事件」と称すべきであろう。

小学校六年生の少女は、日が暮れたばかりの午後八時ころ、買い物帰りの途中を三人の米兵に待ち伏せされ、拉致される。二メートル近い大男たちは、軍用の粘着テープで少女の手をしばり、目と口をふさいで車に押し込んだ。少女は一・五キロも離れた海岸近くで「暴行」を受け、捨てられた。この少女と母親の勇気ある告発で事件は公になり、沖縄県民の憤りと怒りの抗議が、一〇月二一日の県民総決起大会となった。

❖沖縄の痛みをわからない外務大臣

この事件・事故からちょうど一〇年後のことになるが、二〇〇五年七月、当時の稲嶺恵一知事にひとりの女性が手紙を送り、地元紙に掲載された（琉球新報二〇〇五年七月一四日）。

《一九九五年九月に起こった米兵による少女暴行事件から一〇年、去る七月三日、またもや米兵による少女に対するわいせつ行為事件が起こりました。いったいいつまでこんなことが続くのでしょうか。いったい何人の女性が犠牲になれば、気がすむのでしょうか。わたしは高校二年生のときに米兵によるレイプを受けました。本当に怖かった。「もう終わりだ、自分は死ぬのだ」と思いました。何度叫ぼうとしても声が出せずにいました。そのとき米兵は「I can kill you」と言いました。「殺すぞ」ではなく「殺せるぞ」と言ったのです。

二〇年の月日が流れた今でも、私は事件による心の傷に苦しんでいます。被害者にとって時の長さは関係ありません。心の傷がなくなることはないのです。

今回被害にあったのはまだ小学生です。どれほど恐ろしかったことでしょう。わたしたち「被害者」が、「沖縄人」がいったい何をしたというのでしょうか。基地があるというだけで、朝から子どもを遊びに出すこともできないことが、私たちの望む沖縄の姿なのでしょうか。米兵たちは今日もわがもの顔で、わたしたちの島を何の制限もされずに歩いています。仕事として「人殺しの技術」を学び訓練している米兵たちが、です。

稲嶺知事、一日も早く基地をなくしてください。基地の県内移設に「NO」と言ってください。事件の多くは基地の外で起きているからです。沖縄はアメリカ・米軍のために存在しているのではありません。一日も早いご英断をお待ちいたしております。》

この手紙に対して、新聞社の取材に応じた当時の町村信孝外務大臣は、「軍隊があるから日本の平和が保たれたとの一面がすっぽり抜け落ちている」と語った。その女性はこの大臣の発言に「心臓をえぐられているような気持ちであり、二度殺された思いだ」と語った。

この女性は一九八四年、一七歳の高校生であった。学校からの帰宅中、三人組の米兵にナイフを突き付けられ、近くの公園で性暴力の被害にあった。その後、相談することもできず、後遺症に苦しみ、何度も自殺を図ったそうだ。そして一九九五年九月のあの米兵による少女暴行事件を機に、基地反対の運動に関わるようになった。

❖法廷での「犯人」たち

三人の米兵による被害にあった小学生の少女は、近くの文具店でノートを買っての帰りであった。マスコミはこの事件を「暴行事件」と呼ぶべきか、「乱暴事件」というべきか、記者の間で議論したそうだ。とても強姦《ごうかん》事件とは書けなかったのである。幼い子のこと、家族のことを考えると、職業とはいえ、その表現に記者たちが胸を痛めたことは理解できる。

法廷で犯人のひとりは、「被害者があまりにも幼い子どもだったので、とても……」と、暴行の状況を説明したようである。この被告人はほかのふたりと違い、少しだけ軽い刑が言い渡された。

この事件の法廷通訳人は、子育てを少し前に終えたベテランの沖縄の女性である。三人の米兵たちが幼い少女に襲いかかる犯行の状況を供述しているが、それを通訳できない。あまりにもひどいからである。法廷はシーンとなって、通訳人の言葉を待っているが、彼女は通訳できない。彼女は自分の娘がもし被害者だったらと考えていたのだ。いや、自分の息子が犯人だったらと考えていたのかもしれない。

三人の被告たちは、二〇歳を過ぎたばかりの青年である。決して裕福な家庭の育ちではない。米国の海兵隊は最強な軍隊で世界の各地に展開している。危険な場所になるほど給料も高い。沖縄の基地が高給で、彼らは沖縄の基地を希望してきたと思われる。

彼らは沖縄の基地で訓練を受ける。殺戮《さつりく》と破壊の訓練だ。激しい訓練を受け、それが終わって土曜日、日曜日には街に出て来る。女性を見ると獲物に見えるのか、襲うのである。

基地をなくそう、撤去しようというのは、犯罪の被害者をなくすことであり、同時にこの米兵たちのような加害者をなくすことでもある。若い兵士たちも、基地が生み出した基地の被害者なのだ。日本国憲法九条が基地を永久に放棄し、陸海空軍その他の戦力や基地は一切持たないというのは、そういう強い意思から生まれたものである。

三人の米兵の裁判の日、アメリカ本国からひとりの母親がやって来た。「私の息子は何も悪いことはしていない」と、裁判所の廊下で泣きながら叫んでいた姿が強く心に残っている。

❖県民総決起大会での大田知事の発言

幼い少女に対する三人の米兵の暴行事件に県民の怒りは爆発し、一九九五年一〇月二一日に「米軍人による少女暴行事件を糾弾し、日米地位協定の見直しを要求する沖縄県民総決起大会」が、宜野湾市で開かれた。八万五千人が参加し、本土からも多くの参加者があり、宮古・八重山、名瀬市でも開催された。

一九五六年の土地闘争以来、四〇年ぶりの怒りの糾弾大会だ。七四〇団体がその実行委員会を担った。この大会の冒頭、大田昌秀沖縄県知事は次のあいさつをした。

《あいさつの前に皆さんにおわびしなければならない。行政を預かるものとして、本来一番に守るべき幼い少女の尊厳を守れなかったことを心の底からおわびしたい。

私は基地をなくし、平和な沖縄づくりを公約に掲げたが、就任して間もないころ、土地の公告、縦覧《じゅうらん》を代行した。その時は全般的な利益を考え、心情を押し殺して国に協力した。政府は誠意を持って対応してくれることを公約したが、果たされていない。私は四度訪米して沖縄の実情を訴えてきた。機会あるごとに日米両政府に基地の整理縮小を強く求めてきた。

今年は戦後五〇年の節目の年。沖縄の在り方を変えていきたいと「平和の礎」を造り、霊を弔うとともに政府に対して沖縄を理解し、県民のことを考えてほしいと訴えてきた。これまで沖縄は協力を余儀なくされてきた。今度は日本政府や米政府が協力する時だ。われわれはこれまで通りにはいかないとはっきり言ってきた。私は行政の責任者として民生の問題、産業の育成や教育、雇用の拡充、福祉の振興などに専念したい。しかし、絶えず基地から派生する問題に足を引っ張られている。二一世紀に向けて、県民の期待にこたえられる夢と希望の持てる沖縄づくりに努力したい。支援をお願いしたい。》

幼い少女の尊厳を守れなかった責任を知事が謝罪したことは、強く印象に残った。

この事件と同様な事件が、四〇年前の同じ日の一九五五年九月四日に起きている。沖縄の人びとの脳裏から消えることのない、いわゆる「由美子ちゃん事件」である。石川市（現うるま市）のエイサー祭りで、皆からはぐれてしまった幼稚園児の由美子ちゃん（六歳）が、嘉手納航空隊勤務の軍曹に拉致された。嘉手納町の米軍のゴミ捨て場で死体となって発見された由美子ちゃんは、草をつかみ、歯を食いしばっていたそうだ。由美子ちゃんの遺体を解剖した長浜真徳医師は、遺体の状況のあまりのひどさに、「見ておれなかった」と話していた。犯人の米兵は、アメリカに帰国してしまったが、その後ベトナムに派兵され、「殊勲賞」をもらったとのことだ。

一九九五年の「少女暴行事件」と四〇年前の「由美子ちゃん事件」は、沖縄県民の脳裏から消えることはない。私たちの基地とのたたかいは、人間の尊厳を守るたたかいなのである。

❖基地に対する県民投票

県民総決起大会からほぼ一年後の一九九六年九月八日、「日米地位協定の見直しと県内の米軍基地の整理縮小について」という県民の意志を問う投票が実施された。県レベルでの住民投票は全国初のことだ。この県民投票の条例は連合沖縄の呼びかけによるもので、三万四五〇〇人の署名に基づいて、大田知事が県議会に「日米地位協定の見直し及び基地の整理縮小に関する県民投票条例案」を提案した。一九九六年六月二一日に与党などの多数で制定され、九月八日に実施となった。

その意義について大田知事は県民に対して、次のメッセージを送っている。

《この県民投票は、日米地位協定の見直し及び米軍基地の整理縮小に対して、賛成か反対かを県民に問うものです。現在、本県には全国の米軍専用施設面積の七五%が集中し、基地から派生するさまざまな事件・事故は後を絶ちません。また、戦後五一年間も米軍基地を過重に負担してきたにもかかわらず、基地の問題について県民の意思が直接問われたことは、一度もありませんでした。したがって、今回の県民投票により、本県の基地問題について、県民の意思が明らかになることは、大変重要なことです。

県民投票は、県民一人ひとりが沖縄の置かれている状況を認識し、沖縄の将来を自ら作り上げていく大きな契機になるものと考えています。また、投票の結果については、内閣総理大臣とアメリカ合衆国大統領に対し、速やかに通知いたします。県民の皆様におかれては、この重要な条例の趣旨をご理解いただき、一人でも多くの県民が、ぜひ、投票に参加されるよう、心から希望いたします。》

投票の結果は、基地問題をめぐって最大の焦点となっていた米軍基地の土地強制収用手続のひとつである、知事の公告・縦覧《じゅうらん》代行（Ⅴ章コラム①参照）に対する大田知事の対応や、今後の国の基地政策へと大きく影響する。県民の意思の行方に、政府や政権与党サイドも注目していた。

一九九六年九月八日投票、投票率は五九・五％。即日開票の結果、基地の整理、縮小に賛成票が八九・〇九％と圧倒的多数を占めた。全有権者の半数を越える五三％が賛成票を投じたことになる。

沖縄に住む人びとは戦後五一年の間、米軍基地の重圧にさらされ続けてきた。今回の投票の結果は、基地の整理縮小を求める県民の意思を日米両政府に突きつけたということができる。大田知事はそれをふまえて日米両政府に強い意思をもってあたることが求められた。投票率は六割には届かなかったものの全有権者数の過半数、投票者の九割が日米地位協定の見直し、県内米軍基地の整理、縮小に賛成していることが明確となった。基地の跡地利用や雇用確保などの難しい問題が山積している中でのこの投票結果を、日米両政府は黙殺することは許されないはずだ。

❖知事による基地強制収用のための公告・縦覧「代行」

大田知事にはこの県民投票の二日後の九月一〇日、橋本首相との会談が予定されていた。最高裁判所での駐留軍用地特措法に基づいた代理立会・署名の代行訴訟で県が敗訴していること、福岡高等裁判所那覇支部に係属中の別件の公告・縦覧の代行訴訟について、県としてどう対応するかが注目された。知事には県民の意思を受けた強い対応が求められていた。

投票結果について宮里政玄氏（当時、独協大学法学部教授）は、「投票結果は大田知事の姿勢が県民によって信任されたことを意味します。興味深いのは、県民投票に至る過程と結果が沖縄の実情と苦悩を如実に示していることです。自民党県連は棄権を訴え、軍労働者も賛否をめぐって分裂しました。投票率が沖縄市で五四・七％、四千人近くの有権者中千人の軍用地主がいる伊江島は最低の三一・四％だったことなど、基地問題の複雑さを浮き彫りにしています」と述べた。

沖縄の基地問題に深い理解を示していたチャルマーズ・ジョンソン氏（日本政策研究所所長）は、「投票結果は、正義を求める人びとの勝利だと思います。東アジアにおける軍事的脅威を誇張することによって、沖縄の人びとに脅しをかける日米双方に対して、強力な『人民主義』を主張しているのだと思います」と指摘した。

一九九六年九月一〇日、大田知事は予定通り橋本首相と会談した。そしてそれまで固く拒否していた基地強制収用のための「立会・公告・縦覧」の代行を受け入れる意向を固めた。

翌日の一一日、知事は首相官邸で開かれた沖縄基地問題協議会に出席し、冒頭のあいさつで沖縄振興への政府の全面的な支援に感謝の気持ちを述べた。今後は政府と連携して諸問題の解決にあたりたいとも述べた。知事の立会・公告・縦覧の実行は確実となった。

知事の予想される姿勢について、県内のマスコミは次のようにとらえた。

《強制使用手続きを拒否し続けるよりも政府と協議した方が沖縄の産業振興や若年層の雇用・失業問題の解決、基地の整理縮小を具体的に進める上で「得策」との判断がある。県首脳には大規模な基地跡利用を含め、沖縄の自立的発展を図るには県の力だけでは不可能といった認識がある。一方で、軍用地強制使用手続きの迅速化のための特別立法の論議が活発になった半年ほど前から、代理署名を拒否したのは、政府と対立するのが目的ではなく、整理縮小を進めるのが目的だと考え、政府との対決イメージの払しょくに腐心したのであろうか。》（琉球新報一九九六年九月一一日～一三日）

大田知事は一九九六年九月一三日、米軍基地の強制収用のための手続きである立会・公告・縦覧の代行を受け入れることを表明した。

沖縄県としては、関係市町村、関係団体などの意見、国の対応、さらに最近の沖縄の米軍基地を取り巻く諸情勢など、あらゆる角度から検討した結果、この際、公告・縦覧の代行を受け入れ、橋本総理から表明のあった沖縄の米軍基地問題と沖縄の振興開発への国の前向きの対応を見守りつつ、国と県の今後の話し合いの場での論議を通じて、沖縄の基地問題の解決を図ることが重要であると判断した。

米兵による少女暴行事件に対する一九九五年一〇月二一日の八万五千人参加の県民総決起大会から県民投票に至るまで、県民が求めてきたものは基地の整理縮小、つまり基地問題の根本的解決であったはずだ。

ところが知事は基地強制使用手続きの代行を受け入れた。引きかえとされたのは橋本首相の何ら具体性のない沖縄振興等のメニューであった。橋本首相の熱意に動かされたということだろうか？　県民投票によって県民の基地に対する確固たる意思は表明されたのではないか？　大きな疑問が残された。

❖沖縄に関する特別行動委員会（SACO）の最終報告

一九九五年一〇月二一日の県民総決起大会で示された県民の基地の整理、縮小要求を無視することができず、日米両政府は、沖縄に関する特別行動委員会（SACO）を発足させざるを得なくなった（九五年一一月二〇日）。沖縄の米軍基地を整理、統合、縮小を実効的にするためにその方策を検討しつつ、日米地位協定の運用改善をはかるために協議することがその目的である。

翌九六年四月一二日、普天間基地を五ないし七年以内に全面返還することで日米政府が合意した。しかしその実質は返還ではなく、県内移設がねらいであることが後日わかった。普天間基地の移設先としてキャンプ・シュワブ沖が有力とされた。

九六年一二月二日、SACO最終決定が報告された。その内容は、県民大会が求めたものではなかった。県民が求めたものは最低でも基地の縮小であったが、この報告によれば基地の県内たらいまわしでしかない。返還対象とされていた基地の大半が、そのまま県内移設である。このSACO合意の実態は基地の再編強化でしかないことがわかり、県民の一層の反発を買う結果となったのである。

痛ましい少女暴行事件が基地の撤去、縮小を呼び、県民は立ち上がった。しかしこのSACO報告は、県民の苦痛をまったく理解しない、新たな「沖縄処分」となった。

SACO報告の「普天間飛行場報告」によれば、海上施設の建設を推進し、普天間飛行場のヘリコプター運用機能のほとんどを吸収するとあり、撤去でもなく縮小でもなく、基地の新設である。そして場所は、沖縄本島の東海岸沖とぼかしている。

日米両政府の間では、早い段階から名護市のキャンプ・シュワブ沖に建設することが合意されていたようである。海上ヘリ基地は普天間基地よりその戦略性といい、攻撃機能といい一層強化され、しかも巨額の建設費用を要することが明らかとなった。その費用はすべて日本側の負担である。

❖海上基地建設を問う名護市の住民投票

ＳＡＣＯ（沖縄特別行動委員会）の合意の最大のものは、普天間飛行場を名護市のキャンプ・シュワブ沖へ移設する海上基地の建設であった。そのことについて名護市民の賛否を問う住民投票が実施されることになった。個別の軍事基地建設の是非を問うはじめての住民投票であった。

「ヘリ基地反対協議会」が、有権者の約四六％にあたる約一万七千人の署名を集めて、条例の制定を直接請求し、それを受けて一九九七年一〇月、名護市議会が条例を制定した。ところが、海上基地の建設で「賛成」か「反対」の二者択一の選択ですむものを、名護市議会は「賛成」か「反対」に加えて「環境対策や経済効果が期待できるので賛成」、「期待できないので反対」の四者択一方式に修正して可決した。反対派の動きを封じるために意図的にわかりにくい選択肢にしたのである。その点、きびしい非難をあびた。

投票日は一九九七年一二月二一日、投票の結果は別表（次頁）の通りである。

投票率八二・四五％、賛否の差は二三七二票であった。

この住民投票は海上基地の是非を問うものであったが、付け加えられた条件は、賛成派が「基地の是非」よりも政府が示してきた北部振興策のアピールに力点をおいた運動を展開してきたこともあって、市民に「基地反対」か、政府のいう「振興策推進」かの選択を迫る形になったのは、残念なことであった。

名護市住民投票結果　1997年12月21日

当日有権者数　38,176人
投票者数　31,477人（投票率82.45%）（有効投票者数　30,906）

	投票者数	有効投票数に占める割合	全有権者数に占める割合
賛　成	2,562	8.28%	6.71%
環境対策や経済効果が期待できるので賛成	11,705	37.87%	30.66%
賛　成　計	14,267	46.16%	37.37%
反　対	16,254	52.59%	42.57%
環境対策や経済効果が期待できないので反対	385	1.24%	1.00%
反　対　計	16,639	53.83%	43.58%

（無効・持ち帰り571票）　（小数点2位未満は切り捨て）（名護市投票実施本部集計最終）

この名護市民の住民投票で強く目立ったことは、政府高官の海上基地賛成派へのテコ入れである。政府官房長官、沖縄開発庁長官、防衛庁長官らが来て、条件付賛成派に強いテコ入れを行ったのである。県民、市民のひんしゅくを買った。

告示と同時に不在者投票は七千人以上にのぼり、全有権者の一八・七四%にも及ぶ前代未聞の現象も起きた。海上基地を容認する団体が、特別に「不在者投票対策本部」を設け、集票活動を進めたのであった。市民団体から住民投票のあり方に反するとの厳しい批判を受けた。自衛隊員への協力要請や防衛施設局職員らによる戸別訪問なども指摘され、政府の異様なまでの干渉に、市民、県民から厳しく批判された住民投票であった。

しかし海上ヘリ基地建設の是非を問う名護市民投票は、反対が有効投票の過半数を占め、少女暴行事件に対する県民の怒りが、反基地運動への大きなうねりとなったといえた。

❖県知事選と海上基地

反対が有効投票の過半数を占めた名護市民の住民投票の結果に対し、比嘉鉄也名護市長は一二月二四日に海上基地の受け入れを表明、直後に辞任した。そのあとを受けての名護市長選挙があり、そして県知事選と続いた。名護市民の混乱、苦悩は大きい。

一九九八年二月六日、大田知事は普天間飛行場の代替海上基地建設を拒否する見解を表明。日米政府のSACO合意（海上ヘリ基地）に反対する姿勢を明らかにした。日本政府高官らは大田知事を激しく非難、攻撃し、一一月の県知事選で大田氏と対決した稲嶺恵一氏の当選を可能にした。

稲嶺氏周辺では、移設する海上基地を軍民共用の飛行場にする、そして建設から一五年後には日本側に返還するということが、密かに話し合われたともいわれていた。

知事選は大田氏対稲嶺氏となり、稲嶺氏が当選（九八年一一月一五日）。稲嶺氏はその後、二期知事を務める。大田氏と稲嶺氏は二人とも前述の少女暴行事件の県民総決起大会では、壇上から基地に対する抗議の演説をしていた。

稲嶺知事は一九九九年一一月二二日、普天間基地の移設先としてキャンプ・シュワブ水域内の名護市辺野古沿岸区域とすることを決めた。日米両政府が合意に向けて努力したことであり、次善の策として密集市街地にある危険な普天間飛行場を移すことが知事の使命であると発表した。知事のこの姿勢に、沖縄人権協会は一九九九年一一月二五日に抗議の声明を発表した。

《普天間基地県内移設決定に対する抗議（要旨）

稲嶺沖縄県知事は一一月二二日、普天間基地の移設先候補地を「キャンプ・シュワブ水域内名護市辺野古沿岸域」と決定した。「諸悪の根源」と指摘されてきた米軍基地の県内新設を、「代替施設」の名の下に沖縄県が自ら受け入れ、積極的に米軍基地建設に加担することを宣言するものであり、到底是認しうるものではない。

「代替基地」はあくまで普天間基地機能を維持した軍事基地であり、より基地機能を強化した新たな海兵隊基地となるものである。それ故に、「代替基地」が、依然として県民の人権を侵害し、生活を破壊し、環境を汚染し、経済振興を阻害することには、変わりない。

普天間基地の撤去が緊急の課題であることは、県民共通の認識である。しかし、それは米軍基地が県民の命と暮らしを危険にさらしているからにほかならない。

私たちは、基地被害が発生している普天間基地の実態、その危険性を訴え、危険な普天間基地を存続させる日米両政府の責任を追及することこそが、人間の尊厳を守り、普天間基地撤去を実現する最短の道であると確信する。》

普天間基地周辺住民も、キャンプ・シュワブ周辺住民も、命と暮らしが守られなければならないことは同じであり、そこには価値の優劣はない。このことをきちんと認識して共有することこそ社会に共生する人間の道であり、これが基地撤去を実現する原動力となるものである。日米両政府の厚い壁に直面するいまこそ、県民の拠って立つべき原点を見間違えないことが大切である。

2　沖縄人権協会がこの時期に関与した問題

❖アメラジアン・スクール・イン・オキナワ

アメリカ人の男性と沖縄の女性との間に生まれた子どもを、アメラジアンという。米軍基地が集中する沖縄では、地元女性と米兵・米軍属との間に生まれる子どもが多い。この子たちの父親がアメリカ本国へ帰国すると、母と子は多くの場合沖縄に残される。子どもが父親を求める権利、父親から扶養を受ける権利も奪われたままになる。

そして母親たちは子どもの教育に苦悩する。日本の学校は日本語で、日本人としての教育しかしない。母親たちは言語はもちろん日米の両文化を学ばせたいと、やむなく授業料の高いインターナショナル・スクールやアメリカン・スクールなどのフリースクールを選択する。アメラジアンを育てる母親たちの苦労、不安は大きいものがある。

そのような状況の中で、五人の母親たちが自分たちの手でアメラジアンのための学校を作ろうと考え、実行に移した。一九九八年六月、宜野湾市大山の民間アパートで学校建設を計画し、同じ境遇の親たちに呼びかけた。これがアメラジアン・スクール・イン・オキナワである。設備らしい設備もなく、子どもたちの遊ぶスペースもない民間アパートで、児童一三名のスタートであった。

「日本の学校」に行けない子たちが集まり、教師の免許のない民間人、大学院生、あるいは退役した米軍人などに手弁当で協力してもらった。数年後、母親たちの努力と世論の支持もあって、少し学校らしくなってきた。ようやく二名の日本語教師が県から臨時に嘱託派遣された。別の目的（米軍に基地を提供している自治体への援助）で、国から宜野湾市に提供されていた建物の一部を宜野湾市が無償で提供してくれ、そこで子どもたちの教育が行われるようになった。しかし「日本の学校」ではないので、公的な助成はない。学校の運営は授業料（月額二万五千円、現在は三万七千円）と、市民からのカンパでまかなうしかない。

この子たちにとっての大きな障害は、アメラジアン・スクール・イン・オキナワは日本の法律上の「学校」ではないので、日本で高校や大学に進学して、資格を取得したり就職するには、住んでいる地域の学校（学籍、原籍校、学籍校とも呼ぶ）に行くしかない。しかし現実には日本の学校ではこの子たちを受け入れない。受け入れる準備、体制を作っていないといった方が正確かもしれない。仮に受け入れたとしても言葉や容姿の違い、家庭の事情、小学校入学までの保育事情などから、いじめなどで不登校になる子どもたちが多い。その結果、アメラジアンから「すべての子どもは等しく教育を受ける権利」が奪われていることになる。

この子たちに教育を受ける当然の権利を保障するために、アメラジアン・スクールを民間の「教育施設」にしようとする運動が、行政の内外に誕生した。ここでの学習を、本来行くべき原籍校への出席扱いとする見解が出てきた。沖縄県教育庁や各市町村の教育委員会、とくに地元の宜野湾市教育委員会が推進してくれたことは、アメラジアンの教育上、有効な対応であった。

その結果、アメラジアン・スクールの子どもたちの高校、大学への進学が可能になった。外国にもルーツをもつ子どもたちの、教育を受ける権利が保障される第一歩となった。

アメラジアンの五人の母たちが作ったアメラジアン・スクールの設立の目的は、「ダブルの教育」である。言語はもちろん、日本とアメリカの両文化についての教育を受ける、これがダブルの教育で、アメラジアンの母親たちの求めているものである。

しかし現状は、公的助成がなく母親たちの過大な授業料の負担と、人びとの善意で維持されている。私たちは「共生」「ダブルの教育」の理念でスタートした母親たちと子どもたちを支援し、この子らの教育を受ける権利の実質的な保障につとめなければならない。

日本で生活している子どもは国籍いかんにかかわらず、等しく公立学校で学ぶ権利が保障されている。その点、日本の学校教育は優れているといえる。しかし、その教育は前述したとおり、「日本人」としての教育であり、それは国家目的のための教育なのだ。一定の目的のための教育では、子どもたちのもつ独自の文化的、言語的な要請に応える教育は、できない心配がある。

アメラジアンはその子が求める教育を受ける権利があるのだ。これこそが子どもの権利条約、日本の憲法が求める教育を受ける権利である。

もう一つの母国をもっているアメラジアンの子どもたちのために、日本はふさわしい教育の機会を与える責任があるのに、それを怠っている。子どもがアメリカで暮らすか、そのまま日本で暮らすか、いずれにしても生活していける教育を受ける権利がある。教育を受ける権利は、子どもたちの生存権を保障することである。日本はその義務を果たさなければならない。アメラジアン・スクール・イン・オキナワの存在は、そのことを日本国に求めているのである。この学校の存在は、日本の教育制度を改革する可能性をもっているのではないだろうか（S・マーフィ・重松　坂井純子訳『アメラジアンの子供たち』集英社、参照）。

アメラジアン・スクール・イン・オキナワの子どもたちは、地域の学校と交流をしている。また二〇一一年一月二〇日、琉球大学の教育学部の授業にゲストとして参加した。

大学生たちの「普段は英語と日本語のどっちで喋っていますか？」という質問に、ほとんどの子が「両方のミックスです」と答えた。「じゃあ誰かにぶつかったときは、とっさに何て言うの？」と聞かれると、

「あがー!」（沖縄語で「痛い!」の意）と答える。

今度はスクールの生徒たちから大学生への鋭い問いかけがあった。私たちのことを「どうして何人《なにじん》って聞くんですか?　どうしてそれにこだわるんですか?」「ハーフだからと言って自然に英語（日本語）を覚えるわけではありません」

大学生たちはスクールの子たちからたいへん貴重なことを学んだようである（アメラジアン・スクール・イン・オキナワの代表理事で琉大教授の野入《のいり》直美氏の報告）。

❖フィリピン残留家族の国籍取得

一九九六年一〇月二九日、一二年にわたって日本国籍を求めていた、フィリピン残留孤児のM・松田さん（今帰仁村古宇利《なきじんそんこうり》）に日本国籍が認められた。多くの人びとの協力により今帰仁村役場で、亡父、I・松田さんの長男として戸籍に記載された。フィリピン残留の日本人子弟は中国残留日本人孤児に比べて戦後処理が遅れている。

沖縄人権協会はこの日、M・松田さんの国籍取得について　以下の声明文を発表した。

《国籍を取得するということは、すぐれて基本的人権の問題である。「国際人権規約」「子どもの権利条約」の中に何人も国籍を取得する権利を有することがうたわれている。生まれてきた自分が何者であるかを確認するための権利、すなわち、アイデンティティーを確認する権利としてとらえられている。

戦前、沖縄からフィリピンへ出稼ぎに行った人びとは多い。フィリピンの女性と結婚し、子どもが生まれた。その子は日本の国籍を取得する権利がある。しかし戦後五〇年、その権利が奪われているのがフィリピン残留日本人子弟である。フィリピン残留日本人子弟は、今次大戦でアジアでひどいことをした日本人の子として白眼視され、悲惨な目にあった。まさに、この子たちこそ戦争の被害者である。日本政府はこの子たちに対し、救済と心からの謝罪の立場を具体的に示さなければいけない。

沖縄県今帰仁村古宇利島に住むM・松田さんは、そういう戦争被害者であり、フィリピン残留日本人子弟である。戦後、父親のI・松田さんは強制的に沖縄に送還され、息子のM・松田さんはフィリピンに残された。その後、母と子は激しい排日運動にあい、フィリピンで苦難の生活を強いられる。

沖縄に強制送還された父親のI・松田さんは、フィリピン現地に残してきた妻子を呼び寄せたい、とあらゆる手をつくすが、それは不可能であった。

父I・松田さんの死後、M・松田さんは一九八四年八月一二日、妻Yさん、娘Eさんと共に、父の故郷今帰仁村古宇利島に住むことにした。父のトートーメーを継ぎ、農業を継いでいる。しかし、日本人でありながら法的には日本国籍がない。今帰仁村の村民でありながら、戸籍がない。外国人としての不当な扱いである。フィリピンでは日本人の子として罵られ、馬鹿にされ、日本に来ては「外国人」としての不幸な取り扱いである。

松田さんは帰国と同時に、親戚、知人の助けを借りながら、法務省に日本人であることの確認を求めてきたが、認められなかった。国の態度はあまりにも冷たかった。父と母が結婚したこと、その間に生まれた子である、との公的証明がないから日本人として認めないというのである。松田さんのお父さん（I・松田さん）とお母さん（A・Cさん）は戦前、フィリピンで結婚し、戸籍上の手続きもなされていた。しかし、今次大戦でフィリピンは戦災で公的書類を失った。沖縄も沖縄戦で戸籍など一切の公的書類が焼失した。結婚と出生を証明する公的書類は存在しない。そのことを知りながら、日本政府は結婚したことの「公的書類」を提出せよという。それは無理というものである。

そもそも、公的書類がないからといって国籍取得を拒むことが許されるであろうか。松田さんの場合は幸いにして、フィリピン在住の日系人会の協力のもとに婚姻を証明する公的書類に準ずる書類が取得できたので、今回の国籍取得（確認）が可能となったが、松田さんのような残留子弟はまだまだ多い。

国の戦争責任のひとつとして、松田さんのような不幸な残留子弟の救済に日本政府は誠意をもって早急に応えるべきである。松田さんが国籍を取得するのに一二年以上も要したというのは明らかに人権を侵害するもの、生存をおびやかしたということができる。

戦争は国家の行為である。その被害者個人に対して（内外人を問わず）、国家が責任を負うことは当然である。松田さんの国籍取得を長く拒んできた日本政府の責任は大きいと言わねばならない。

私たちは日本政府がその責任において一日も早く、フィリピン残留の日本人子弟の国籍取得と、その救済に取り組むことを強く要請するものである。》

戦後の混乱のなかで、フィリピンに残された沖縄県系人や日本人二世の国籍を回復する問題で、フィリピン日系人リーガルサポートセンター（ＰＮＬＳＣ）が二〇一一年一月二〇日に会合を持ち、戸籍を作る「就籍」にむけての具体的な手続きを確認した。就籍の取り組みとして、①フィリピン国内の日系人会の調査をまじえてＰＮＬＳＣが調査書を作成する。②フィリピン国外務省に調査表データを提出して残留日系人としての認証を受ける。③フィリピン国外務省で残留二世として登載された名簿を日本政府外務省に提出する、

などの作業を確認した。

日本の家庭裁判所に就籍の申し立てがされると、家庭裁判所は外務省情報室に照会して残留日本人であることを確認をし、就籍の許可をはかる。フィリピン残留孤児にとって朗報である。

二〇一一年八月六日、父親が沖縄出身であるフィリピン在住の県系女性三人が、日系人リーガルサポートセンターの支援で戦後六六年目にして来沖した。ひとりは伊是名《いぜな》村に住む九七歳の父親と涙の対面、タガログ語で言葉をかわすなど、感激の再会をした。

❖学校における「日の丸」「君が代」問題

子どもは「現在及び将来の国民」としてあらゆる面で、人権が保障されなければならない。

子どもの人権に関する私たちの基本的な立場は、一九八九年一一月三〇日の第四四回国連総会で採択された「子どもの権利条約」に基づく。この条約は子どもは保護の対象だけではなく、何よりも権利の主体であって、その権利は子ども自身が行使できることを明らかにしている。

学校こそ子どもの基本的人権と自由が保障され、最も尊重されるべき場所であることを忘れてはならない。しかし、現実はそうではない。

一九八五年当時の入学式・卒業式における「日の丸」掲揚と「君が代」斉唱の実施状況は、次の通りだった。

・「日の丸」掲揚率	全国平均	沖縄
小学校	九二・五％	六・九％
中学校	九一・二％	六・六％

高校	八一・六％	○％

・「君が代」斉唱率

	全国平均	沖縄
小学校	七二・八％	○％
中学校	六八・○％	○％
高校	五三・三％	○％

一九八五年九月五日の文部省の入学式・卒業式における「日の丸」掲揚と「君が代」斉唱を求める通達を受けて、県内保守政党や教育行政の担当者（学校長、教育委員長など）は、必死に県内の学校の「日の丸」「君が代」の実施率をあげることに血道をあげる。その結果、翌八六年三月の県内卒業式は大混乱。多くの教師が処分された。

強権発動の結果、次の八七年三月の沖縄県の卒業式での「日の丸」「君が代」の実施率は、次の通り高い数字を示す。

・「日の丸」掲揚率

小学校＝九五・三％　中学校＝九六・八％　高校＝九四・六％

・「君が代」斉唱率（テープ）

小学校＝三・五％　中学校＝五・七％　高校＝八・九％

沖縄人権協会は、沖縄県憲法普及協議会とともに他団体に呼びかけて、一九九七年二月二七日、「日の丸」「君が代」の学校への押し付けに反対する意見書を発表し、県知事と沖縄県教育委員会、沖縄県教育庁に送付した。

《「日の丸」「君が代」の押し付けに反対する意見書（要旨）

今年は日本国憲法・教育基本法が公布されて五〇年です。その日本国憲法は、思想・良心の自由および信教・学問の自由は何人もこれを侵すことができないとし、その不可侵性を高らかにうたっています。「日の丸」「君が代」の押しつけは、この憲法の基本原理に明らかに反します。未来を築く子どもたちに憲法のこの根本精神を踏みにじることを教えていいものだろうか。教育行政にかかわる者の最も心しなければならないことです。

教育基本法、子どもの権利条約、国際人権規約からみても、この「日の丸」「君が代」の押しつけは許されるものではないのです。》

さらに一九九九年六月二一日、国旗、国歌法案が国会に提案されたので、人権協会は廃案を求める声明文を発表した。七月六日に現地公聴会が那覇市・ホテル那覇グランドキャッスルで開催され、六人の意見陳述人のうち福地曠昭氏、安仁屋政昭氏、平良修氏が法制化反対の意見を述べた。

第V章コラム❶

◆代理署名訴訟

永吉 盛元

代理署名訴訟とは一九九五年一二月、内閣総理大臣村山富市が沖縄県知事大田昌秀に対して提起した裁判のことである。総理大臣が一地方自治体の知事を相手に裁判を起こすということは非常に珍しいことで、しかもこの訴えの目的が、沖縄県民の土地を米軍用地として強制的に提供することなので、大きな反響を呼んだのは当然のことであろう。

日本政府が、反対している沖縄県民の土地を米軍の基地として提供するには、沖縄県収用委員会にその収用の申請手続きをしないといけない。申請手続きの一つとして、提供する土地、物件の目録調書（土地・物件調書という）に地主が直接、立会って署名することになっているが、地主が立会・署名を拒否した場合、その土地のある市町村長が代行することになっている。市町村長がそれを拒否した場合、知事が代わって立会・署名する仕組みである。米軍の基地として提供することに反対している地主の土地を、市町村長や知事が代行して実施するのだから、大問題である。基地に提供するための手続きである。

国は基地として使用している一部の土地について、地主が署名を拒否し、またその土地の存在する自治体の首長も署名を拒否、さらに知事までが署名に応じなかったため、沖縄県知事大田昌秀に対し、地主に代行してその土地・物件調書に立会って署名することを求め、一九九五年一二月、福岡高等裁判所那覇支部に裁判を提起した。

日米安保条約第六条は、日本の基地提供義務を定めている。したがって基地のための土地提供の拒否をめぐる事態は、安保体制を問うこととなり、多くの米軍基地を抱える沖縄県民はもとより、全国民の関心、注目を集めた。

この裁判は沖縄県収用委員会に対する申請手続きのものとはいえ、公共のために個人の土地を収用するという、通常の収用手続きの事案とはまったく異なるものである。軍事利用のために個人の土地を強制収用するのである。

国がこの裁判の根拠にしている駐留軍用地特措法（正式名称：日本国とアメリカ合衆国との間の相互協力及び安全保障条約第六条に基づく施設及び区域並びに日本国における合衆国軍隊の地位に関する協定の実施に伴う土地等の使用等に関する特別措置法）は、違憲の法律ではないか。軍事利用のために自分の土地が強制的に収用されるのは、平和に生きる権利を求める人びとの基本的人権（平和的生存権）の侵害ではないか。また、国が自治体の長に対し一方的にその代行を命ずるというのは、自治権の本旨にもとるものではないか。

ここで私たちが踏まえておかねばならないことは、国が提起したこの裁判の目的は、沖縄県民の意思を無視して広大な土地を強制的に取り上げて米軍の基地として提供し、基地を維持、存続させることである。

これは米軍支配下、不法な手段で作り上げられた米軍基地を正当化するものであり、戦後、今日にいたるまでの基地被害を今後も容認することになる。沖縄県民が到底、受け入れることのできないものである。

米軍基地は諸悪の根源といわれる。沖縄県民は半世紀以上、軍事基地との「共存」を強いられてきた。

県民の意思を受けた知事は県民の基本的人権を保障し、生活と生命を守る義務がある。仮に、百歩譲って本件立会・署名の代行業務が国の機関として知事に委任された業務だとしても、沖縄県民の平和に生きる権利や財産を奪い取ることはできない。沖縄の人びとの総意に基づいて、知事は行動すべきである。知事がこの立会・署名の代行業務を拒否することは、地方自治のあり方にも合致し、憲法の原理に基いた正当な行為のはずだ。

しかしながら、裁判所（福岡高裁那覇支部、最高裁判所）は沖縄県知事の主張を退けた。その説明として憲法の前文と九条はあまりにも抽象的であり、裁判所における法的な主張になり得ないとした。そして駐留軍用地特措法は九条違反とはいえず、それを沖縄に適用することも違憲ではないとしたのである。こうして裁判所はまたも憲法に対する判断放棄（統治行為論）に逃げ込んだのだった。

第Ⅴ章コラム❷

◆SACO合意の欺瞞性

今村 元義

一九七二年の復帰以後、沖縄県には「振興開発事業費」（旧沖縄開発庁所管）とならんで、防衛省（旧防衛施設庁）・総務省（旧自治省）経由の基地維持財政が支出されてきた。前者の振興開発事業費は九八年度をピーク（補正後四四三〇億円）に減少傾向をたどり、二〇〇九年度の当初予算では、二一六六億円とピーク時の半分以下となった。それに対して後者は、最近は頭打ちになったとはいえ、ほぼ二〇〇〇億円で推移し、両者の差は縮小しつつある。

さらに振興開発事業費については、当初、復帰前の米軍支配下（二七年間）で立ち後れた民生・経済分野の「対本土格差是正」の意味を持っていたが、最近とくに一九九〇年代半ばから、米軍基地が存在するがゆえの特殊沖縄的性格（「基地の代償的性格」）も追加されるようになった（「北部振興事業費」など）。沖縄側から見ると、財政上の国の顔つきは「軍事国家」に近づきつつあるようだ。

一九九五年から新たに沖縄に支出されるようになった基地維持財政を列挙すると、

①普通交付税算定基準に基地補正導入

②島田懇談会事業（「基地関連収入への依存から脱却し、自立的発展への可能性を見いだすこと」を目的にした「沖縄米軍基地所在市町村に関する懇談会事業［座長・島田晴雄慶応大教授］」。なお、これは法律に基づかず、国が沖縄県を通さずに、基地所在市町村からの提案に基づいて、直接交付する補助金）

③北部振興事業（名護市が九九年一二月に普天間飛行場の代替基地建設の受け入れを表明したことを受けた閣議決定「普天間飛行場の移設に係る政府方針」に盛り込まれた、政府が名護市など一二市町村に投じる補助金）

④「SACO合意」（後述）推進経費

⑤再編交付金（米軍再編で基地負担が増える自治

体に、再編計画の進展度合いに応じて防衛予算から支給）

の五種類になる。

問題は、このように莫大な公金を注ぎ込むようになった背景は何か、またそれでもなお、普天間基地の「返還」も北部演習場の「返還」も進まないのはなぜかということである。

そこでまず確認しておきたいことは、復帰後、沖縄における米軍基地返還は目に見えるほど顕著なものではなかったという点である。

「復帰時の昭和四七（一九七二）年五月一五日から平成一九（二〇〇七）年三月三一日の間、米軍基地（専用施設）の整理縮小は、本土で約五九％進んだのに対し、沖縄県については約一八％に止まるなど、県民の目に見える形での基地の整理縮小が図られていない」（沖縄県知事公室基地対策課『沖縄の米軍基地』［平成二〇年三月］二八頁）

一九九五年九月四日、米兵による少女暴行事件が発生し、県民の基地返還運動への対応策を検討する場として「沖縄における米軍施設・区域に関する特別行動委員会」（ＳＡＣＯ＝Special Action Committee on Facilities and Areas in Okinawa のちに、Special Action Committee in Okinawaに変更された）が、九五年一一月に開催された。

一九九六年一二月のＳＡＣＯ最終報告は、県道一〇四号線越え実弾砲撃演習の廃止や航空機騒音の軽減措置、さらに日米地位協定の運用見直しについて一定の改善を図る内容を含んではいるものの、普天間飛行場の全面返還を含む一一施設、約五〇〇二ヘクタールの土地の返還については、県内移設が条件となっていた。

合意の本質は県民の「返還」要求に対して県内「移設」を投げ返してきたわけで、沖縄県全体の基地負担の軽減とはならない点にある。移設先の住民にとって自然環境を破壊され生活基盤を奪われることは容認できることではなかった。ここに「合意」の欺瞞《ぎまん》性がある。一六年経過して進捗《しんちょく》率はわずかに七・三％にすぎないことは当然であった。

なお、ＳＡＣＯ合意事案がすべて実施されたとしても、在日米軍専用施設面積の約七〇％の米軍基地が、依然として沖縄に存在することになる。

普天間基地包囲行動で手をつなぐ市民（2004年）

地元新聞の社説とともに、以下のように結論できよう。

《一九九六年の米軍普天間飛行場の返還合意以来、政府が『アメとムチ』を駆使して県や関係自治体の懐柔を試みたが、成功しなかった。基地と振興策のリンクが何ら問題解決にならないことは証明済みだ。普天間の「失われた一五年」を踏まえれば、『リンク論』は時代錯誤というほかない。……野田政権は予算を小細工して基地問題解決につなげるという発想の貧困さ、滑稽さに気付くべきだ》（『琉球新報』社説二〇一一年一二月二三日）。

第Ⅵ章
21世紀にも続く人権問題
＝1999年から現在まで

――――永吉 盛元

那覇市・与儀公園の「九条の碑」の前で、2000年憲法講演会講師の辛淑玉さんと。近くで遊んでいた子どもたちもいっしょに。

国連は一九九四年、第四九回総会で一九九五年から二〇〇五年までの一〇年間を「国連人権教育年」と定めた。各国に人権教育センターの設置をはじめ、人権教育の計画と一〇年間の行動計画を立てることを義務づけ、その結果を国連人権高等弁務官に報告することを求めた。

この人権教育の一〇年は、国境を越えた高い人権感覚を築くことをねらいとするものであった。国連は、一九四八年一二月一〇日に世界人権宣言を発し、その後、多くの人権関連の条約を作ってきた。その積み上げとして「国連人権教育の一〇年」となったのである。国境を越えたあらゆる地域、場所で人権が尊重され、実践される社会をめざしたのである。

沖縄に住む私たちは戦後二七年間、米軍の施政権下で、これまで述べてきたように基本的人権の保障のない状況におかれてきた。一九七二年に本土復帰し、平和と基本的人権を尊重する憲法のもとに暮らすようになったが、広大な軍事基地はそのまま存続し、その機能はむしろ質的に強化され続けている。軍事基地の存在と人権の尊重とは相入れないものであり、市民生活の中に人権思想が築かれることが強く求められている。

1　「軍隊」と市民生活

❖自衛隊による市民監視

二〇〇三年七月に成立したイラク人道復興支援特措法に基づいて、陸上自衛隊のイラク派遣が続く中、二〇〇七年六月、陸上自衛隊情報保全隊（外部の働きかけなどから部隊を守るための情報収集や、職員の身上把握などを行う防衛大臣直轄部隊）がイラク戦争当時、全国の反戦運動グループや政党、労働組合などの活動を監視していたことが発覚。自衛隊の派遣に反対の行動をした沖縄県内の一八団体もリスト化されたことが、地元紙の報道によってわかった。

市民の平和運動、活動に踏み込んでくる人権侵害活動が日常的に行われていることは、戦前の特高警察や憲兵政治を想い起こさせる。国民に有事の際の協力を義務づける国民保護法の成立などとともに、自衛隊がデモや抗議活動を監視し、市民の人権を侵害しているものである。

❖基地労働者の雇用の実態

復帰前、沖縄の人びとが米軍基地内で働く場合は、米軍との直接雇用であった。しかし復帰後は、日米地位協定により、基地労働者と日本政府の間で雇用契約をかわし、日本政府によって米軍に労務が提供される、変則的な間接雇用方式がとられている。

間接雇用方式による労務提供を実施するため、日本政府は米軍との間で三つの労務提供契約（基本労務契約、船員契約、諸機関労務協約）を締結し、日米両政府が労務管理を分担する日米共同管理方式となっている。基地で働いている人たちを準公務員と呼ぶ場合があるが、それは以上の経過からである。

基地労働者はその労働を米軍に提供し、日本政府から賃金を受け取る。労働者に対しては現場の上司（米軍人）が指導、監督をするが、労働者に無理解で高圧的な態度をとりやすい。正しい労使関係についての理解がなく、逸脱した行動に出ることもあり、いじめ（セクシャル・ハラスメントやパワー・ハラスメント）が日常的に起きている。

基地労働者の基本的権利が侵害されている実態を、整理しておく。

・基地労働者が解雇され、裁判闘争の結果、日本の裁判所が解雇は無効の判断を下しても、米軍はそれを無視して解雇を強行する。また保安解雇というものがあり、労働者が米国の「軍機の保護」に関して違反があったと恣意的に解釈し、ただちに解雇する。まさに日本の労働司法に対する「治外法権」である。

・基地労働組合の団体交渉の相手は日本政府（沖縄防衛局長）で、労働現場での指揮命令権を有する米軍には団体交渉を受ける義務はない。しかし指揮命令権のない日本政府の対応も弱く、団体交渉も形だけで終わる場合が多い。このような団体交渉の結果さえ米国の拒否権が行使されることがある。

・時間外労働には労使の「三六協定」（労働基準法三六条に基づく労使協定）が必要であるが、基地労働者の場合はその適用がない。また休日は米本国の休日となるので、生活のサイクルが沖縄県民と異なることになる。さらに労働者を守る安全配慮も不十分である。

・米軍は業務に関しては指揮命令権をもちながら、労使交渉には拒否ないし消極的な態度をとり、解雇には日本の司法判断を拒絶する。日本の労働基準監督官の立ち入り調査も基地管理権をたてに拒否する。

より具体的に、ふたつの事例を紹介する。

一九九五年に採用されたAさん（男性）は、重量装置機械工として牧港《まきみなと》補給地区に就職した。その後、職場を異動する。Aさんは勤務状況が悪く、上司に対し侮辱するような言動をしたとして解雇された。Aさんはその解雇を争い、雇用者である国を相手に雇用契約上の地位を確認する裁判を提起した。一、二審ともAさんが勝訴した。

判決をみると、職場の監督者の米軍人の対応がいかにも不当、不法で、労使関係のあり方に無知で、軍人の態度が丸出しであることがわかる。たとえば、米軍人の上司が本来の業務以外の仕事を頻繁に指示、命令している。軍人の個人車輌を整備するように命じ、車検を受けてくるよう命じたりなど。それに抗議すると、ボスは俺だ、俺の命令に従えという態度をとる。病院に行くため早退を申し出たところ、理由も示さず「NO」だった例もある。

Bさん（女性）は一〇年以上、基地内で渉外通訳官として勤務していた。米軍人、沖縄の人たち一四、五人の職場である。上司の米軍人はBさんだけパソコンを取り上げ、電話も使用させない状態にして、個室も明け渡しを命じた。同僚の沖縄人との接触も妨げられ、孤立した状態におかれた。明らかにパワハラである。Bさんは勇気を出して、当時の那覇防衛局長あて労働条件改善の申立てをした。その結果によっては、裁判提起も辞さない姿勢だ。

❖日本の法律で裁けない米軍人・軍属の犯罪

日米地位協定一七条によると、米軍人・軍属の公務上の犯罪の一次裁判権は米軍にある、となっている。問題になる米軍人・軍属の犯罪が、本当に公務中に起きたといえるかどうか。これまで多くの疑問が県民から投げかけられてきたが、米軍から「公務中の行為」と言われれば、日本の警察、検察庁はあっさり「日本には裁判権がない」として不起訴処分にしてきた。この米軍と捜査当局の態度は、県民から強い批判を受けてきた。

二〇一一年一月、沖縄市の国道で米軍属が運転する車輌が、対向車線を走行していた沖縄の男性（一九歳）の車輌に衝突し、男性が死亡した。事故は米軍属の車が対向車線にはみ出したため起こったもので、死亡した男性にはまったく落ち度がなかった。軍属は自動車運転過失致死罪で書類送検されたが、那覇地方検察庁は公務上の犯罪で、日本には裁判権がないとして、軍属を不起訴処分にした。

米軍はこの軍属に刑罰を科さず、五年間の車輌の運転を禁止するという軽い処置ですませた。これは単なる懲戒処分であり、死亡事件なのに刑事責任を問うものではない。あまりに軽い処分に、被害者の遺族は那覇検察審査会に審査の請求をし、被疑者に日本の裁判による刑事処分を科すよう求めた。

那覇検察審査会は「検察官の不起訴処分は不当で、起訴すべき」との結論を出した。遺族、沖縄県民の「日本の裁判所で裁判を！」の怒りの声、県議会の全会一致の決議などに押される形で、那覇地方検察庁は一一月二五日に起訴した。

こうして人権無視の実態、地位協定の不平等な現実に風穴を開けることはできたが、今回の措置は米側の「好意的配慮」で日本側に裁判権を認めるという運用改善と言われている。この事件が問題になる過程で、地位協定では平時の軍属については、元々日本側に第一次裁判権があると解釈しなければならないことが、明るみに出た。本来ならば「運用改善」ではなく、当然の結果と言わなければならない。

地位協定に強い異議を唱え続けてきた私たちとしては、今後の公判の行方と日米政府の今後の態度に注目していきたい。

なお二〇〇八年一月から二〇一一年九月に公務中の在日米軍人が日本国内で起こした交通事故二八件のうち、軍の裁判である軍法会議にかけられた事案がゼロであることが、二〇一二年一月に明らかになっている。

2　公権力による市民生活の〝監視〟

沖縄における人権問題を考えるとき、基地の存在から派生する人権侵害が、深刻な形であらわれる。同時に生活の身辺で日常的に起きる人権侵害も多い。

基地とのたたかいに多くの時間とエネルギーを費やす私たちは、日常的に起きる公権力からの人権侵害への取り組みは、どうしてもあとに回さざるを得ない。

一九九〇年代以降に沖縄人権協会が対応した、市民生活を脅かした人権侵害の事例を紹介する。

■新聞報道による被害

一九九八年一〇月、死亡者が出た交通事故で加害者と新聞報道された人が、新聞社に抗議した。この事故は明らかに被害者に問題があるのに、被害者は匿名で、落度のない自分（抗議した人）が加害者とされ、しかも実名で記事にされたのは理解できないとの抗議である。新聞社は自社の報道姿勢を説明したが、その人は納得できなかった。

■沖縄サミットでの物々しい警備

二〇〇〇年七月に開催された「沖縄サミット」に向けて、開催地・名護市を中心に県内全体に物々しい警備体制が敷かれた。二万人近い警備部隊に車輌三千台、警備艇二〇艇、ヘリコプター二〇機など。サミット会場が海に近いため、漁船やダイビング活動、海水浴も厳しく監視され、制限された。通行中の車輌のトランクの中もチェックされた。

沖縄人権協会、沖縄県憲法普及協議会は「サミット一一〇番」を設置して、過剰警備による県民の人権侵害に対処した。来島するアメリカのクリントン大統領に対しては、沖縄の基地を持ち帰るよう、基地撤去の葉書運動も展開した。

一九九三年に糸満市で開催された全国植樹祭でも、異常な警備体制が敷かれていた。沖縄サミットに際しては、沖縄弁護士会も市民生活に不当な干渉があったとして抗議の声明を発表した。

■税務署職員の行き過ぎ行為

二〇〇一年八月、那覇市内に住む女性宅に税務調査で訪ねてきた税務署の職員が、居住者の同意を得ることなく、部屋内を撮影したり、パソコンに入っているフロッピーディスクのデータを複写して持ち去った。本人が事前に同意していない以上、後で説明して同意を得たとしても、大きな問題である。

■市民からの抗議文書を受け取った公務員が、抗議の相手に漏らした行為

二〇〇二年七月、Aさんが県の福祉保健所に、産業廃棄物処理施設の事務内容や環境対策について抗議も含んだ質問文書を提出した。受け取った保健所職員が、文書を当該業者に見せてしまった。内容を知った業者から訪問と抗議を受けたAさんが、公務員の「守秘義務違反」を理由に問題提起をした。

■警察官採用試験の応募者の封筒が放置されていた事件

警察官採用試験の受験願書が県警本部に郵送されてきた。二〇〇二年七月、差出人名のわかる封筒が、なぜか隣接する県庁舎内のトイレに放置されていたことが報道された。

県警は個人情報に神経を配るべきで、裁断機で処理するか、個人情報を塗りつぶすなどしないといけない。県庁のトイレで見つかったというのも不思議である。

プライバシー権が理解されて尊重される社会なら、個人が特定される封筒一枚の扱いにも細心の注意を払わないといけない。

■糸満署が路上寝の写真を展示

糸満署は飲酒の後に路上で寝込み、交通事故や盗難事件が起きていることを受け、二〇〇四年一二月、被害防止を目的に、路上で寝ている人を撮影した写真一六枚を署内に展示した。糸満署管内で二〇〇四年、路上寝により交通事故で一人が死亡、二人が重傷を負っている。県内では六人が犠牲になった。

糸満署は危険な状態を示して注意喚起をしたいと説明。一六枚の写真は人の目の部分や作業服の会社名は

隠しているが、衣服や全体的な特徴はそのままだった。本人には撮影したことや展示する確認はとっていない。糸満署の措置について、警察はプライバシー擁護に敏感になり、市民の信頼を得るような事故や犯罪防止活動に努めてほしいと指摘したい。

■情報公開請求に対する嘉手納町の対応

二〇〇五年七月、町民から多数回にわたる公文書の公開請求に対し、嘉手納町はその請求自体を認めず、異議申立ても濫用にあたるとして拒否した。請求者は町の態度は違法だとして、一六〇万円の損害賠償を請求して裁判を提起した。

これに対し那覇地方裁判所沖縄支部は、「受け付けに先行して請求を権利の濫用にあたると判断することは、実質的に公文書を非公開とすることを可能とするものである」として、町民の主張を認め、二万円の支払いを町に命じた。

これは公務員に対する裁判所からの一つの警告と受け止めないといけない。

3　やはり続く、米軍にまつわる問題

❖普天間──大学構内へ大型ヘリ墜落

二〇〇四年八月一三日午後二時一八分、宜野湾市の沖縄国際大学に米海兵隊普天間基地の大型輸送ヘリコプターが墜落・炎上した。機体が制御できなくなり、大学構内に突っ込んだ。夏休み中で大学には学生が少なかったこともあり、奇跡的に市民の死傷者は出なかった。事故直後、米軍は直ちに現場を封鎖。警察や大

学関係者らは一切立ち入ることができなかった。

町村外務大臣は事故現場を見て、住民の家を避けて夏休み中で学生のいない大学に突っ込んだパイロットの腕前を褒《ほ》めたたえた。この政府高官の態度が県民のひんしゅくを買ったことはいうまでもない。

事故機はイラク戦争に派遣されるため、山口県の岩国基地から来て、この普天間基地で調整飛行をしていたのである。イラクに派遣されるヘリの対応に追われ、過酷な労働を強いられた米軍の整備士がボルトを締め忘れ、飛行姿勢を制御する部品が脱落するという信じがたいことが、事故の原因であることが後にわかった。沖縄の軍事基地の危険性をあらためて見せつけられた事故であった。

事故の一カ月後、三万人が参加した抗議集会が開かれ、普天間基地の辺野古移設に反対する世論を強めた。

❖嘉手納——止まらぬ爆音被害

嘉手納飛行場に接する三市町（嘉手納町、北谷《ちゃたん》町、沖縄市）の「三連協」が二〇一一年二月八日に騒音調査をしたところ、午前六時から午後一〇時までに航空機の離発着や急旋回が確認されたのが三二二回、内訳はF15戦闘機などの常駐機が一九五回、外来機（他の基地から来機したもの）一二七回で騒音は最高で一一〇・八デシベルを記録した。

離着陸、基地上空での急旋回、タッチ・アンド・ゴーなどで発せられる爆音一一〇デシベルというのは、目の前二メートルで鳴らされる、自動車の目いっぱいの警笛に相当するものである。周辺住民や学校現場からの怒りの声があがるのは痛いほどわかる。しかもそれが日常である。このように平和のうちに生きる住民の権利が日常的に踏みにじられているのである。

嘉手納町はその面積の八二・五％が嘉手納基地に取りあげられ、残された狭い土地に約一万四千人の人びとがひしめきあって生活している。まさに基地の中に人びとが押しこめられている。人口密度は全国平均の二〇倍近くあるのだ。

嘉手納基地に駐留する原子力空母ジョージ・ワシントンの艦載機ＦＡ18スーパーホーネット五機が、二〇一一年三月一日午前、地元の要請を無視し、卒業式の最中に相次いで滑走路を飛び立った。騒音は嘉手納高校など基地周辺の学校を襲い、卒業式を妨害した。電車通過時の線路脇の騒音に相当する一〇三・一デシベル（午前一〇時三八分）が記録されている。

実は、嘉手納町は卒業式前日の二月二八日に、同基地に対して卒業式当日の航空機の発着の中止を申し入れていた。しかしそれは無視された。同基地報道部はマスコミの取材に対して、「基地の運用上、飛行した」と述べている。

基地の滑走路から最も近い嘉手納高校の知花久則校長は「非常に遺憾。昨日、役場を通して米軍に航空機の離着陸などを自粛するよう申し入れたはずなのに」、さらに當山《とうやま》宏嘉手納町長は「地元に配慮するとした約束が守られていない。住民無視の軍事優先主義がまかり通っている。子どもたちの門出である卒業式に航空機を飛ばす米軍の心情が理解できない」と批判した。

翌月の四月七日には、小中学校の入学式が行われた。この日も、嘉手納基地所属のＦ15戦闘機などの航空機が地元の要請を無視して、入学式の最中に相次いで滑走路を飛び立った。卒業式と同様に騒音は嘉手納高校など基地周辺の学校に鳴り響き、入学式を妨害した。嘉手納町屋良では式が行われた午後二時から三時までの一時間だけで九〇デシベル以上の騒音が八回記録された。中部農林高校の具志堅三男校長も「校長あいさつをやろうとしたら（米軍機が）来た。絶対に許してはいけない」と抗議した。

❖読谷補助飛行場―黙認耕作地の明け渡し裁判

読谷補助飛行場は読谷村の中心部に位置し、読谷村の開発計画に大きな障害となっていた。繰り返される米軍の演習による村民の被害は大きく、多くの事件、事故も発生している。

読谷村は国との長い交渉の上、読谷補助飛行場の一部を賃借する形をとり、その他は払い下げを受ける形で所有権を取得して、返還交渉の解決をはかった。黙認耕作者の問題についても国との払い下げ交渉と並行して取り組んできたが、黙認耕作者の強い抵抗のため、円満な明け渡しを受けることができなかった（黙認耕作地についてはⅡ章コラム③参照）。

やむなく読谷村は黙認耕作者を相手に、耕作している土地の明け渡しを求めて、二〇〇六年、裁判を提起した。一審の那覇地方裁判所沖縄支部は二〇一〇年四月二二日、読谷村勝訴の判決を出した。黙認耕作者は長い耕作期間を主張し、これまでの歴史的背景を無視した明け渡し請求に対して、権利の濫用、信義則違反を主張したが、裁判所は黙認耕作者の主張を認めなかった。耕作者たちは福岡高等裁判所那覇支部に控訴の申し立てをした。

このような歴史的経過と現状を踏まえ、両者は福岡高等裁判所那覇支部で二〇一一年二月に和解した。その内容は、①二〇一二年三月までに黙認耕作者は耕作地を読谷村に明け渡す。②双方とも金銭上の請求はしない。③これまでの歴史的いきさつを踏まえ、双方この飛行場跡地が有効利用されることを望む、というもので、読谷村と耕作者との長い闘いは終わったと思われた。

しかし、和解したのは一二人の耕作者のみで、それ以上の数の黙認耕作者を残している。その交渉は続けなければならない。戦前の日本軍への売却を疑問視している旧地主と国との関係も残されている。

黙認耕作者たちは、決して他人の土地を不法に占有していたのではない。基地に土地を奪い取られ、米軍の演習のない日に、基地として使用されていない土地を生活のために耕作していたのである。それを米軍が容認してきたものである。

読谷村にはこのほかにも米軍基地として、嘉手納弾薬庫地区、トリイ通信施設がある。同村の米軍基地は読谷補助飛行場跡が返還されたとしても、面積の三〇％以上を米軍基地が占める。依然として基地が振興開発に大きな障害となっている。

❖爆音訴訟

嘉手納基地周辺住民九〇七名は一九八二年八月に、普天間基地の周辺住民三九六名は二〇〇二年一〇月に、国を相手に航空機の飛行の差止めと損害賠償を求めて訴えを提起した。

しかし裁判所は、住民の悲願の夜間、早朝の飛行の差止め請求を認めず、爆音は今後も続くことがはっきりしているのに、その将来の損害賠償の請求は認めず、過去の被害にのみ請求を認めたに過ぎなかった。住民の求めた飛行などの差止めは、住民の人格権、よき生活環境を求める環境権、平和的生存権に基づくものである。

国は飛行場として米国に提供し、その騒音被害を知りつつ、対策をせずに米軍に提供したものだ。莫大な「思いやり予算」で手厚く保護し、航空機の離発着を許している。「思いやり予算」は日本だけが実践しているもので、ほかにみられない特異なものだ。国は米軍とともに住民に対し、共同の加害者としての重大な責任があるはずだ。

嘉手納、普天間の住民たちはこの一審判決に当然、控訴。しかし控訴審（福岡高等裁判所那覇支部）も一審の線を崩さない。若干、被害額を増額したに過ぎなかった。嘉手納に住む人々は一次に続いて、二次（二〇〇〇年、五五四一名）訴訟を提起した。

しかし、裁判所の態度は変わらない。「静かな夜を返せ」の声に耳を貸さない。上告した二次の嘉手納爆音訴訟は二〇一一年三月に棄却された。住民の悲願はまたも拒否され、普天間爆音訴訟の上告も棄却となった。

国は基地の提供者として、住民に爆音という被害を米軍とともに与え続けてきた。共同加害者としての重大な責任がある。国と裁判所の述べる「第三者である米軍の活動を規制する権限がない」とする、いわゆる「第三者行為論」は許されない。自衛隊のイラク派遣訴訟において、名古屋高等裁判所は二〇〇八年四月一七日の判決で、「平和的生存権は、現状において憲法の保障する基本的人権が平和の基礎なしには存在し得ないことからして、その享有を可能ならしめる基礎的権利である」として、その性質を明らかにしている。

嘉手納、普天間の住民側の主張する平和的生存権は、大きなたたかいの支柱となるものだ。

基地爆音訴訟は一九七五年九月の原告一二名による石川県の小松基地訴訟に始まる。嘉手納の住民は二〇一一年四月二八日に三次訴訟を提起した。原告は実に二万二〇五八人に及ぶ。沖縄市（二一三四名）、嘉手納町（四九一六名）、北谷町（三九三一名）、うるま市（一万〇三四七名）、読谷村（七三〇名）。国内最大規模の集団訴訟である。嘉手納町は面積の八三パーセントが嘉手納基地にとられ、町民の三人に一人が三次訴訟の原告団に参加している。

4　メア氏の発言を考える

❖沖縄を冒涜した発言

二〇一〇年一二月、ケビン・メア米国務省日本部長（当時）は米国務省内で米国の大学生たちを相手に、「沖縄の人はごまかしとゆすりの名人だ」「日本政府は、もしお金が欲しいならばサインしろと沖縄県知事に言うべきだ」「憲法九条があるから日本は米国を必要としているのだ。だから日本は憲法を変える必要はない」などという内容の発言をした。

ケビン・メア氏は在日米大使館安全保障部長、駐福岡米領事などをへて二〇〇六年から二〇〇九年まで、在沖米総領事をつとめた。帰米後も国務省日本部長として日米の実務者協議などに参加している。この発言のためにケビン・メア氏は日本部長を辞めさせられた。

沖縄人権協会と沖縄県憲法普及協議会はメア氏の発言に対して、三月一一日に以下の声明（要旨）を発表した。

《メア部長は、日本政府の財政支出─高額の思いやり予算などによって米国に利益がもたらされている、と赤裸々に語っている。なぜ沖縄に米軍基地がおしつけられているのかが、この言葉から明らかである。

メア部長は、憲法九条があるから日本は米軍を必要とするのだ、だから日本の憲法は変える必要はない、と述べ、日本国憲法九条の価値を冒涜《ぼうとく》している。

同部長の個人的見解ですまされる問題ではない。メア発言の根底にあるアメリカ従属の基地提供のあり方を根本的に改め、在沖米軍基地を撤去することこそが求められる。》

メア発言を機に、メア発言と根っこを共通にする日米の要人の発言を記録しておく（沖縄タイムスから）。

・宝珠山昇防衛施設庁長官《ほうしゅやま》「沖縄は基地を提供する優れた位置にあることをプラスに転じて、基地と共生、共存する方向に変化してほしい」【一九九四年九月】

・米兵三人による暴行（レイプ）事件で、マッキー米太平洋軍司令官「犯行に使用した車を借りる金があれば、女を買えたのに、三人はばかだ」【一九九五年一一月】

・米兵による強制わいせつ事件で、ゲーリー・アンダーソン元キャンプ・ハンセン司令官が米紙の取材に「海兵隊員の犯罪率が特別に高いとは思わない。米軍のプレゼンスに反対する日本の政治家が、すべての事件を宣伝している」【二〇〇一年一月】

・沖縄国際大学への米軍ヘリ墜落事故で、町村信孝外相「被害が重大にならなかったのは操縦がうまかったのかもしれないが、よく被害が最小限にとどまった」【二〇〇四年一〇月】

❖沖縄で学生たちがみたもの

日本部長ケビン・メア氏の講義を受けたアメリカの学生たちが、二〇一〇年一二月一八日に沖縄に研修に来た。学生たちは基地に苦しむ沖縄の人びとの現実を目のあたりにして、メア発言との大きな違いにショックを受けたようである。

学生のひとりは、メア氏は沖縄の人びとを見下していたという。学生がメア氏に、なぜ普天間が必要なのか、辺野古移設による影響はないかと質問したところ、メア氏はいら立った様子で「辺野古が最善だ」という一点張りで、そんなメア氏の態度に学生たちは失望したようである。

彼らは訪れた糸満市で、戦争が終わるのを待ち、飢えに苦しみながら息絶えた住民の話や、沖縄戦体験者の証言に涙を流した。

彼らはまた、広大な普天間飛行場は民間地に近く危険だと感じた。移設先の名護市では、稲嶺進市長から陸にも海にも基地はつくらせないとの強い意思を聞き、沖縄は、まだ米軍と戦争に囲まれていると受け止めたようである。また米軍ヘリパット建設が進められている北部の東村高江にも行き、建設に反対している座り込みの住民からも話を聞いた。基地被害の現状を目のあたりにして、学生たちはメア氏の考えに大きな疑問を抱いたに違いない。

5　普天間返還合意から一六年

❖新基地建設は認めない民意

一九九六年四月一二日、橋本龍太郎首相とモンデール米駐日大使は、普天間飛行場の全面返還の合意が成立したと発表した。沖縄の夜明けがきた、と多くの沖縄の人が喜んだ。

あれから一六年が経過したが、世界一危険な普天間飛行場はそのまま居座り続けている。県民の意思は「基地はいらない、辺野古への移設は許さない」である。「辺野古移設が実現していたならば、沖縄の未来はなかった。子や孫に美しい自然を残したい。長年、反対の坐り込みを続けた人たちに感謝したい」とは、元知事の大田昌秀氏の弁である。

二〇一〇年一月二四日、名護市の市長選挙があり、新基地建設に反対し海にも陸にも基地はつくらせないと主張する稲嶺進市長が誕生した。そして、二〇一〇年四月二五日、「米軍普天間飛行場の早期閉鎖・返還と県内移設に反対し、国外・県外移設を求める県民大会」が、読谷村で九万人を超える参加で開催された。

続いて同年五月一六日には、一万七千人による普天間基地包囲行動が豪雨の中で展開された。そして一一月二八日の知事選挙・候補者の伊波洋一氏は、普天間基地のある宜野湾市長を辞して知事選に立候補した。同氏は普天間飛行場の撤去に政治生命をかけてきた人である。一方の仲井真弘多《ひろかず》氏も、これまでは普天間基地の県内移設を容認する姿勢であったが、このときは県民の意思に押され、選挙公約として県内移設反対を明確に打ち出した。両候補とも辺野古への基地建設に反対の方針を掲げたのである。

✣辺野古移設は破綻

私たちは「普天間」の固定化の宣伝に動じてはならない。アメリカの立場や日本の立場からみても、辺野古移設は不可能だ。世界一危険で、アメリカ本国でもその設置が許されない普天間飛行場が、この沖縄で許されるはずがない。

一九九五年一〇月二一日の少女暴行事件に抗議する県民大会と、二〇一〇年四月二五日の普天間基地の早期閉鎖を求める県民大会の意思は、不動のものだ。

二〇一一年五月一一日、米上院のレビン軍事委員長（民主）とマケイン筆頭委員（共和）、ウエッブ外交委員会東アジア太平洋小委員長（民主）は米国防総省に対し、普天間飛行場の名護市辺野古への移設を断念するよう声明を発表した。

レビン氏とウエッブ氏は四月下旬、沖縄、東京、グアムを訪ね、普天間移設に関し調査をし、その結果がこの発表である。

レビン委員長らの表明は、普天間飛行場の名護市辺野古への移設を断念すべきという。しかし、一方で普天間飛行場を嘉手納基地に統合することを求めている。この普天間飛行場を嘉手納基地への統合ができないかという問題は、これまで幾度か提案されてきたが、地元住民の騒音の被害や事故発生への懸念による強い反対がその実現を許さない。

第三次嘉手納爆音訴訟では、嘉手納町民の三人に一人が原告である。嘉手納町自体が原告と言ってもよい。嘉手納基地に普天間飛行場が同居する可能性はあり得ない。

日本政府は普天間飛行場の辺野古移設を決めた日米両政府の合意は変更しないとの立場であるが、辺野古移設はすでに破綻しているのである。

二〇一一年三月の東日本大震災の援助活動（トモダチ作戦）を通じても、在日米軍は普天間飛行場の地理的優位性や在沖海兵隊の存在意義などをアピールしている。

在沖米総領事館は、沖縄から基地従業員の県民を含む海兵隊所属の約四八〇人を被災地に派遣して、救援活動を行っていると発表し、普天間飛行場に配備されている輸送ヘリコプターが山口県の岩国基地に移動した。嘉手納基地からはＣＨ60ヘリなどが東京都の横田基地に移動したという。在沖海兵隊は、「普天間基地の位置が第三海兵遠征軍の災害対応活動に極めて重要であることが証明された」「普天間飛行場が沖縄にあるため、震災への対応が効果的に実施できている」などと説明する。

しかし人道支援を行いながら、ここぞとばかりに米軍基地の貢献を宣伝するとは……。そういえば、この支援活動で米軍と日本側の調整役は、先の発言で失脚した形のメア氏だった。

憲法九条はメア氏の詭弁《きべん》に利用されるものではない。私たちは憲法九条を、アメリカ軍の駐留を不要とする法的な武器にすればよいのだ。

第Ⅵ章コラム❶

◆靖国神社合祀取り消し訴訟

加藤 裕

戦争で亡くなった人が、いつのまにか靖国神社に神として祀《まつ》られていたと知ったら、遺族はどう思うだろうか。靖国神社合祀《ごうし》取り消し沖縄訴訟の原告らの疑問である。

靖国神社は、明治政府によって一八六九年に設立された（設立時の名称は東京招魂《しょうこん》社）。国のために命を捧げた者一人ひとりを、天皇の思し召しによって、神（祭神）として末永く祀る（合祀する）のが靖国神社の目的である。天皇のために戦死した者を、慰霊ではなく顕彰する、褒め称えるのが「合祀」の本質である。

ここには、憲法上重大な問題がいくつも含まれている。

一つは、遺族らの宗教的人格権が侵害されているということ。亡くなった家族を自らの心情に従って追慕することは、人間としての基本的な精神的自由である。靖国神社は、遺族の了解を取ることなく自らの合祀基準に従って死者を神に祭り上げる。これによって、平穏に自らの家族を追慕したいという遺族の心情が損なわれる結果となってしまう。

二つめは、戦死者の合祀は、一宗教団体である靖国神社のみではなしえず、戦後一貫して、政府が合祀対象者を選別して、その名簿を靖国神社に提供し、協力して合祀を進めた、歴史的事実である。

旧厚生省主導で合祀が進められた事業をはっきり示す内部資料も最近発見された（朝日新聞二〇一二年一月二一日）。

これは、国家神道が戦争の精神的支柱とされた戦前の否定の上にたつ、日本国憲法の政教分離原則に違反するものといわねばならない。

三つめは、先にも述べたとおり、靖国神社の目的は、国のための戦死者を神として顕彰するという特異なものだということである。

国家が戦争をするには、軍隊というハードだけではなく、国民を精神的に動員するソフトも必要だ。まさに戦前、その精神の動員装置となったのが靖国神社であり、同神社は現代でも同じ役割を果たそうとしている。

遺族は、亡くなった人がこのような精神的動員に利用されているのを、遺族として黙って見過ごすわけにはいかない。

四つめは、沖縄特有の問題である。靖国神社の合祀基準は、国のために戦って亡くなったかどうかである。

ところが沖縄では、沖縄戦で日本軍によって殺されたり、壕を追い出されたりした戦争の被害者までも、いっしょに合祀されている。これは戦後、本来は戦闘に参加したものだけに適用される戦傷病者戦没者遺族等援護法が、沖縄戦での被害者にまで拡大適用されたために、政府はこれらの被害者も戦闘に協力した者として合祀手続きを進めたからである。

軍隊によって殺された沖縄戦の被害者が、殺した側として祀られるという耐え難い苦痛を負わされているのである。

靖国神社合祀取り消し沖縄訴訟は、軍人の遺族一名と、沖縄戦で家族が亡くなり援護法適用を受けた四名が、靖国神社と国に対し、無断での合祀を取り消し、損害賠償を支払えと求めた訴訟である。合祀された戦没者の中には、なんと家族とともに南部を逃げまどって亡くなった一歳の子までも含まれている。

那覇地裁判決（二〇一〇年一〇月二六日）も福岡高裁那覇支部判決（二〇一一年九月六日）も、原告らが訴えている感情は法律で保護をするほどのものではなく、靖国神社にも祀る自由がある、という理由で原告らの請求を棄却し、靖国神社問題の本質にはまったく触れなかった。

しかし、平和をつくるには、過去の戦争を直視し、加害と被害の問題を明確にすることが何よりも不可欠である。

沖縄での靖国神社合祀問題は、信教の自由のみならず、沖縄戦とは何だったのかを問いながら、戦争の加害行為の隠蔽《いんぺい》を告発する問いかけなのである。

第Ⅵ章コラム❷

◆高江ヘリパッド建設問題

加藤 裕

沖縄本島北部の東村《ひがしそん》高江《たかえ》地区は、やんばるの森に囲まれた、人口一五〇人ほどの静かな集落だ。二〇〇六年二月、この集落を取り囲むように六カ所の米軍ヘリパッドを建設する計画が発表された。SACO合意で米軍北部訓練場の北半分を返還する代わりに、返還予定地のヘリパッドを、残る南半分に移設するというのだ。

高江地区では、騒音や事故の危険から、何度も区民総会で反対決議を挙げてきたが、日本政府は、二〇〇七年七月、それに耳を貸すことなく着工した。これに対して、工事反対の住民や県内外の支援者らは、直ちに工事現場入口での座り込みを始めた。

この反対運動に業を煮やした政府は、住民ら一五名が道路通行を妨害していると主張して、那覇地裁に通行妨害禁止の仮処分を申し立てた。国が住民運動に対抗するために民事裁判手続きに踏み切ったのは、前代未聞である。住民に説明や説得をするのではなく、司法を利用して弾圧を図ったのである。

そのやり方も卑劣で、各地から反対運動のためにやって来ている人たちがいるのに、その中からほぼ高江の住民だけを選び、しかも家族ぐるみ訴えたのだ。訴えられた人の中には、七歳の子どももおり、現場に行ったこともない人、夫が反対運動をしているということで妻もいっしょに訴えられた人もいた。国に裁判で訴えられるということは、小さな集落では衝撃的なことで、周囲の住民は怖くて反対運動にも参加できない状況が作られたのだ。

また裁判で国は、ブログやチラシでの呼びかけ、マスコミ取材での発言なども、「妨害行為」の証拠だと主張した。これは国の政策に異議を唱える政治的表現を、裁判での脅しによって封じようとするもので、表現の自由への重大な侵害である。

高江の人びとはこのような弾圧に屈せず、今も反対運動を闘っている。

第Ⅵ章コラム❸

◆八重山地区の教科書採択問題

弁護士　仲山　忠克

二〇一二年度から使用される中学校公民教科書の採択をめぐって、採択期限（二〇一一年八月三一日）経過後も、八重山地区では紛糾が生じ混乱が続いてきた。

教科書の採択権限は地方教育行政法（略称）により、各市町村教育委員会にあるとされているが、採択地区が複数の市町村にまたがる場合は、「同一地区、同一教科書の採択」が教科書無償措置法（略称）により法的に義務づけられている。

八重山地区は石垣市、竹富《たけとみ》町、与那国《よなぐに》町で構成されるが、公民教科書の採択は次の経過をたどった。

①教科書調査員（専門性を有する現場教員）は八重山採択地区協議会（地区協議会）に対し、七つの教科書を評価したうえで、その中から東京書籍版と帝国書院版を推薦した。

②ところが地区協議会は諮問機関として、三市町教育委員会に育鵬《いくほう》社版を答申した。

③その結果、石垣市と与那国町は育鵬社版を、竹富町は東京書籍版を採択した。

④そこで三市町の教育委員会は、教育委員全員（一三人）の参加による協議（全員協議）を行った。そこでは育鵬社版は圧倒的多数で否決され（賛成二、反対八、その他三）、東京書籍が多数決で採択された。

この全員協議による東京書籍版の採択の有効性については、市町村教育委員会に対して指導・助言及び援助すべき義務を負い、それに立ち会った沖縄県教育委員会も認めている。

ところが文部科学省は、その後、地区協議会の答申どおりに採択した石垣市と与那国町には教科書を無償給与するが、答申に従わなかった竹富町は無償給与の対象外との見解を示した。しかしこの文科省見解は、法的拘束力のない答申を絶対視してそれに強制力を付与するという点で違法であり、教育委員の全員協議により同一教科書が採択されたことを無視する点で不当である。さらに、竹富町の子どもに対してのみ無償の適用外としたのは、すべての子どもに「ひとしく教育を受ける権利」を保障し、国の義務として義務教育無償化を定めた憲法二六条の趣旨に反して違憲でもある。

この文科省見解が紛糾の元凶である。違法・違憲な見解によってでも、育鵬社版の採択に固執し強要しようとする文科省の意図・目的が検討されなければならない。

育鵬社版は、侵略戦争であったアジア太平洋戦争を賛美し、それへの反省や否定的評価を自虐史観として蔑視する自由主義史観グループによって編集され、日本国憲法の基本原則をことごとく敵視し、戦争する国づくりへの国民精神を醸成する目的で出版された。調査員の意見でも「軍事力に頼らない平和への努力や、憲法九条が果たしてきた役割がほとんど記述されていない」「沖縄の米軍基地に関する記述が全くない」「あたかも徴兵制が当然のような内容で述べられている」と指摘されている。地区協議会並びに石垣市と与那国町の教育委員会の中心メンバーは、自由主義史観グループと結託したうえで、調査員が推薦しない育鵬社版を強引に答申し採択したもので、文科省がそれを後押ししている構図が浮かび上がってくる。

米軍再編に伴っての二〇〇六年五月の日米合意は、「自衛隊と米軍の戦略面での融合」をめざし、日米軍事同盟の深化を推し進めた。これを受けて二〇一〇年一〇月に民主党政権下で策定された新防衛大綱は、従来の基本方針であった「基盤的防衛力論」を否定し、新たに「動的防衛力論」を打ち出した。専守防衛論をかなぐり捨て、「存在する自衛隊」から「機能する自衛隊」への転換である。その有力な柱の一つが南西諸島の防衛で、尖《せん》閣《かく》問題や与那国町への自衛隊配備計画はその具体化である。育鵬社版は領土問題でもナショナリズムを煽《あお》ってこれらの政策を積極的に推進し、「自衛隊による軍事抑止力を強調し、憲法九条を改正する方向へ誘導する」（調査員意見）役割を担って登場したのである。

教科書は子どもの学習にとって決定的に重要であり、未来社会のあり方を左右しかねない。その採択は現代に生きる者の、未来への責任である。八重山地区の教科書採択問題は、わが国のあり方が鋭く問われる本質を有し、憲法擁護運動にとって看過しえない警鐘となっている。

（二〇一一年一二月一二日現在）

第Ⅵ章コラム❹

◆オスプレイ配備

加藤　裕

MV22オスプレイは、ヘリコプターのように垂直に離着陸し、プロペラ機のように巡航するために、プロペラの角度が変えられる米軍航空機である。米軍は現在、旧式ヘリCH46を順次退役させ、オスプレイに更新しているところだ。同機の普天間基地やその代替基地への配備は、一九九六年のSACO合意のころには、すでに計画されていた。

ところがオスプレイは、構造上の欠陥から開発過程で多数の墜落死亡事故を起こし、「未亡人製造機」と言われていた。これが沖縄に配備されることがわかれば、県民から猛烈な反発が起こるであろうことを懸念した日本政府は、SACO合意のとき、オスプレイ配備は秘密にするよう米国に要請した。以後、日本政府は報道でオスプレイの沖縄配備計画を指摘されても、聞いてないとシラを切ってきた。

日本政府がオスプレイ配備を地元の宜野湾市に知らせたのは、一五年後の二〇一一年六月、それもたった一枚のファックスであった。この間には、普天間基地代替施設建設のための環境影響評価手続きが二〇〇七年から始まっており、本来ならば環境影響評価のためには運用予定の航空機を明らかにすべきところを、そこでもだんまりを決め込み、オスプレイの危険性を隠し続けてきたのだ。

オスプレイについては、環境影響評価の日米格差も露呈している。ハワイに配備されるオスプレイは、米国政府は学校周辺では四五デシベル（静かな事務室内のレベル）以下の騒音にとどめるよう海軍に勧告した。一方、二〇一二年に明らかになった辺野古での環境影響評価では、日本政府は、オスプレイにより七八デシベル以上の騒音（地下鉄の車内のレベル）が集落に到達することを予測しながら、環境には問題ない、としているのだ。

守るべきは自国民である。沖縄の人びとの人権を踏みにじって米軍基地の維持を優先させようとする日本政府の姿勢が、ここにある。

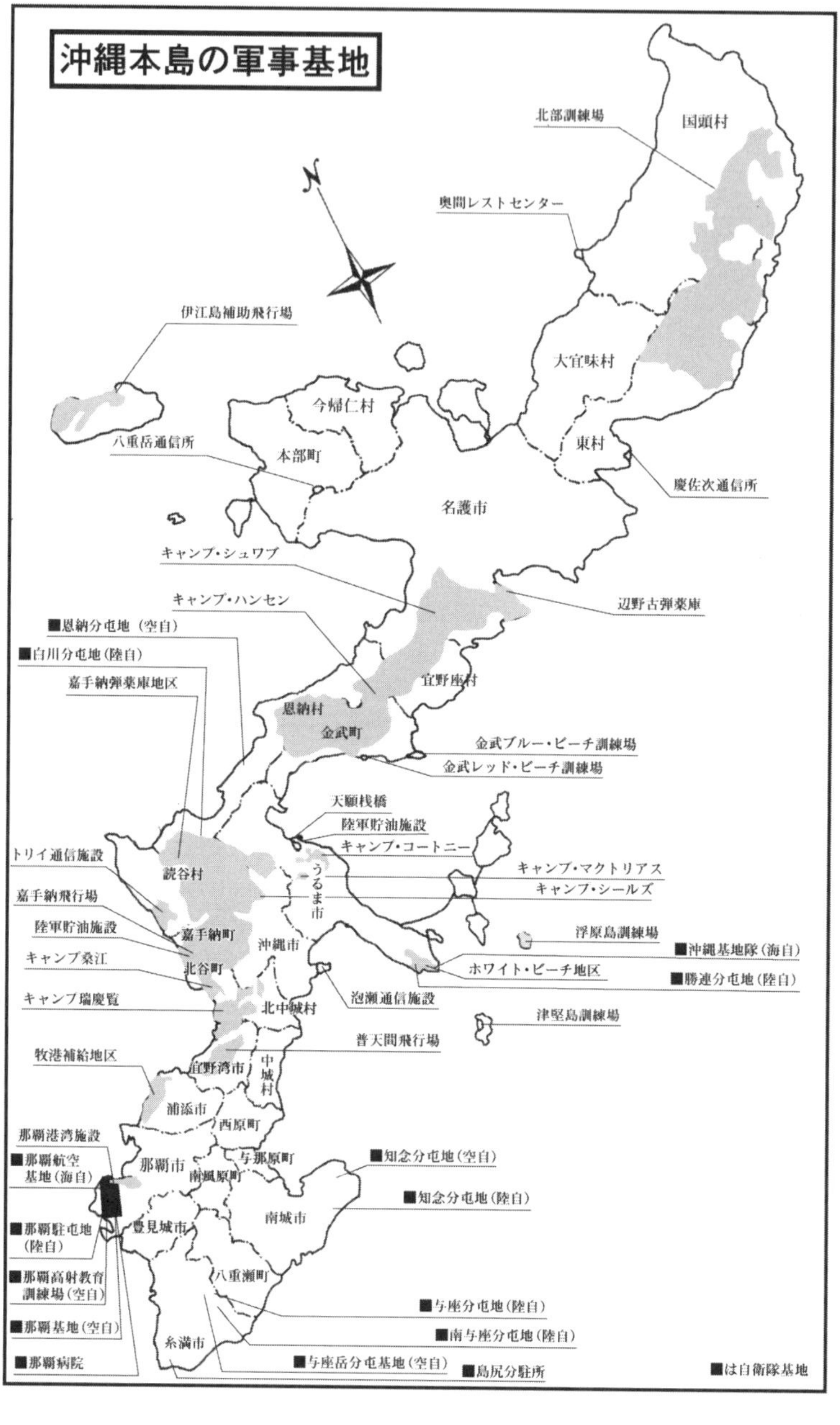
沖縄本島の軍事基地
北部訓練場
国頭村
奥間レストセンター
伊江島補助飛行場
大宜味村
今帰仁村
本部町
八重岳通信所
東村
慶佐次通信所
名護市
キャンプ・シュワブ
辺野古弾薬庫
キャンプ・ハンセン
■恩納分屯地（空自）
■白川分屯地（陸自）
嘉手納弾薬庫地区
宜野座村
恩納村
金武町
金武ブルー・ビーチ訓練場
金武レッド・ビーチ訓練場
天願桟橋
陸軍貯油施設
キャンプ・コートニー
トリイ通信施設
読谷村
キャンプ・マクトリアス
キャンプ・シールズ
うるま市
嘉手納飛行場
陸軍貯油施設
嘉手納町
沖縄市
浮原島訓練場
■沖縄基地隊（海自）
キャンプ桑江
北谷町
ホワイト・ビーチ地区
■勝連分屯地（陸自）
キャンプ瑞慶覧
泡瀬通信施設
北中城村
津堅島訓練場
普天間飛行場
牧港補給地区
宜野湾市
中城村
浦添市
西原町
那覇港湾施設
■那覇航空基地（海自）
那覇市
与那原町
南風原町
■知念分屯地（空自）
■知念分屯地（陸自）
南城市
■那覇駐屯地（陸自）
豊見城市
■那覇高射教育訓練場（空自）
八重瀬町
■与座分屯地（陸自）
■那覇基地（空自）
■南与座分屯地（陸自）
糸満市
■那覇病院
■与座岳分屯基地（空自）
■島尻分駐所
■は自衛隊基地

第Ⅶ章
沖縄人権協会と私

1996年の憲法講演会の講師は、「沖縄ならば」と引き受けてくれた家永三郎さん（右から３人目）だった（那覇市首里の玉陵［たまうどぅん］で）。

沖縄、歴史的人権の回復のために

立命館大学特任教授　徐《ソ》　勝《スン》

沖縄にはじめて行ったのは一九九五年であった。沖縄人権協会から一二月に国際人権デーでの講演に呼ばれた。このときの話は、エッセー「アジアのにおい」に書いた。

ちょうど九月、米兵による少女強姦《ごうかん》事件、続いて八万五千人の怒りの決起集会があった直後で、沖縄の平和・人権に対する関心はいつになく高潮していた。会場の八汐荘も熱気であふれていた。

那覇の空港に近づき、降り立つ前から私の身のうちを、うねりのように満たしてくれる感覚があった。低いセメントの粗末な建物が連なる乾いた景観。貧しく威張らない人たちが住む光景。それは、光景というより「におい」だった。隙なく身構え、襟を正した端正なヤマトとは異なる、沖縄のにおいだった。そのような「におい」は、国際通りから平和通りへ、牧志公設市場を散策するにつれて身の内いっぱいに広がっていった。

平和通りには、安っぽい吊し服やアクセサリーの店、駄菓子屋、野菜や果物の露店がのきをつらね、公設市場の戸をくぐると、色鮮やかな魚や、エビ、貝類と並んで、固くて味濃いレンガのような豆腐、紅白の大きな蒲鉾、皮つき豚肉塊と内臓、きれいに手入れされた豚足、見るからに食欲をそそる豚頭がひしめいていた。二階では、それらの珍味が炒められ、揚げられ、蒸され、煮込まれて、濃密なにおいを放っていた。そこはアジアだった。ソウルの東大門市場、台北の南門市場、北京の東安市場がそこにあった。私はすでに異邦人ではなかった。何の身構えもなしに、喧噪《けんそう》と臭気のなかにスルリと溶けこみ、自由になった。（「アジアのにおい」『徐勝の東アジア平和紀行』かもがわ出版、二〇一一年。以下、（「アジアのにおい」とする。）

私の沖縄は、その風と光とにおいからはじまった。そして、その夕方、琉球料理の「うりずん」で小宴が開かれた。

……福地曠昭先生は艶笑談に薀蓄《うんちく》を傾けながら、赤い鼻をますます赤くさせて、豆腐ヨウを肴に古酒《クース》をちびちびと重ね、山吉さんはニコニコ、ケラケラと相方をつとめた。先生にかかると、右翼に刺された熾烈《しれつ》な闘争談までもが、ユーモラスで飄々《ひょうひょう》とした話になってしまうのだ。先生は『獄中十九年』（岩波新書）を読んで、私のことを「ユーモアがあり、明るく、ざっくばらんな人柄のようで、沖縄の人たちと似ているように思われる」と書かれている。（「アジアのにおい」）

かくして、私は沖縄的性格を持つ人間として、はばかりなく、てらいもなく、沖縄の心地よい人の輪にズンと踏み込んでいった。

沖縄を知るにつけ、沖縄こそが人権と平和を考える最もふさわしい場所であることが分かった。人権や平和は、「奪われ、抑圧された者の言葉」であるからだ。薩摩の二五〇年の琉球支配、日本の七〇年にわたる沖縄支配、それに続くアメリカ、そしてまた日本の支配は、まさにウチナーンチュの自己決定権を剥奪《はくだつ》する、奴隷化であり、植民地支配であった。沖縄では、人権が、公権力に対する防御権・抵抗権という本来の意味をもって生きている。また長い歴史を通じて、日本の絶え間ない侵略と支配の下で脅かされてきた沖縄は、誰よりも平和を渇仰《かつぎょう》している。

私の願いは朝鮮半島の統一と東アジアの平和であるので、分断と抑圧の中で苦しんできた朝鮮半島、台湾、沖縄との連帯による「東アジア平和のトライアングル」の構築の必要性を痛感してきた。かつて琉球は東アジアの周辺部だったが、海洋交易で一定の位置を占めていた。それが太平洋を渡ってペリーの艦隊が現れてから、日米角逐《かくちく》の舞台となり、さらに冷戦の最前線となって、東アジア国際政治の矛盾の結節点となった。その沖縄と正面から向き合い、平和を構築する必要があると考えた。

那覇に訪れる前年、私ははじめて台湾に訪問した。台湾では、政治犯が囚われていた監獄や収容所、処刑現場や埋葬の地を訪れ、冷戦下、蒋介石政権の国家暴力の暴威に触れるとともに、植民地支配と冷戦によって、いじけ捻《ね》じ曲がった台湾史の姿を見た。そこで沖縄を訪れて、私の内に伏流していた日本中心の「アジア」が具体的な形をなした。欧米によって押し付けられ、日本の東アジア地域支配の具とされてきた「アジア」という言葉に民衆の魂を吹きこみ、平和と人権の翼をつけて、民衆主体の東アジアを立ち上げる構想が湧き上がった。

一九九九年一二月、韓国、台湾、沖縄、日本の国家暴力の犠牲者、活動家、研究者を糾合して、第二回、国際シンポジウム「東アジア冷戦と国家テロリズム」を沖縄・佐敷《さしき》で開催し、その流れで、日韓の大学生たちを組織して、「東アジア平和・人権学生キャンプ」を実施した。「東アジア冷戦と国家テロリズム」は日帝の植民地支配と冷戦期のアメリカの支配の下での苦難を経て、東アジアの被抑圧民衆として同時代を生きてきた、韓国、台湾、沖縄の受難者、活動家、専門家たちが一堂に会し、その運命の共同性を認識し、共同の闘いの必要性を認識したことに大きな意義があった。

一九九七年二月、第一回、台北シンポジウムでは、高良勉が「日本に『留学』する時に横浜の税関でパスポートを破って海に捨てた」と語ったときに、台湾や韓国の参加者は「沖縄は日本じゃないの？」と、目を丸くした。沖縄がアメリカの軍政下にあったこと程度は漠然と知っていたかもしれないが、沖縄戦で沖縄民衆に莫大な犠牲を強いた天皇がマッカーサーに沖縄を差し出したことや、その後の米軍政支配下での沖縄の苦難をほとんど知らなかったのである。「一視同仁」の美辞麗句の下に、アイヌ、琉球、台湾、朝鮮の植民地化・皇民化を進めた日帝の「差別と同化」という残忍で欺瞞《ぎまん》的な政策によって、愚弄《ぐろう》されて臓腑《ぞうふ》を引き抜かれてきたアジア・沖縄の姿が露わになった瞬間であった。つまり、徳田球一と金天海《キムチョンヘ》が共に戦い、金山《キンサン》と中国の同志たちが共に戦ったように、日帝支配下で共同の抗日戦線を構築した東アジアの民衆が冷戦下で分断され、健忘症にかかって、バラバラになってしまった東アジア民衆の実情が明らかになった。

沖縄は「東アジア平和・人権学生キャンプ」に参加した学生たちにとって、アメリカの暴圧や日本の偽善を学ぶまたとない学習場であった。普天間や嘉手納で巨大な米軍基地を目の当たりにし、伊江島では米軍の装甲車と出会って驚いた。また、基地問題、地位協定の問題をもって、韓国の進歩的弁護士たちと沖縄の弁護士とのシンポジウムを開いた。そこには、いま韓国の進歩政党「民主労働党」の代表を務める李正姫《イジョンヒ》代表の姿もあった。

二〇〇五年には佐喜眞美術館ではじめての海外作家招待展として、光州事件25周年で洪成潭《ホンソンダム》版画展「抵抗と創造」を開催し、二〇一一年の六月には、イ・ユニョプ版画展「ここに人がいる」を開催した。また、靖国反対東アジア共同行動の一環として韓国、台湾の友人たちと沖縄を訪問したことも重要な機会であった。

これらを通じて、沖縄と東アジアの民衆交流を進め、韓国で沖縄に対する関心を喚起した。このように私と沖縄の因縁はあざなう縄のように幾重にも丈夫なものになっていったのである。

ただ、私の沖縄でのプレゼンスが沖縄の友人・知人にも喜ばしいものであったかどうかは、留保を要するようである。二〇一一年、私の定年退職にあたって、多くの友人、後輩たちが寄稿し、日本と韓国で退職記念文集『東アジアのウフカジ』が出版された。そのタイトルは畏友《いゆう》、高良勉詩人から寄せられた書簡式の文書「徐勝ウフカジ（大風）へ」に由来する。

沖縄の友人・ドゥシ（同志）たちは、親愛を込めて大兄のことを「徐勝ウフカジ（大風）」と呼んでおります。北からこの大風が来ますと、沖縄の多士済々の方々をその渦と進路に巻き込み一つの運動にしてしまうからです。私たちは、遠慮なしに吹いてくるこの大風を畏れつつ待ってもおります。

思い返せば、沖縄の友人たちに多大な迷惑をかけてきた私を包み込み、ゆったりと人々が生きていることを感じさせてくれる、沖縄の大きなヒューマニティである。

二〇一一年一〇月二日、東京神田の明治大学で、韓国、沖縄、台湾の人たちが集って、「東アジア歴史・人権・平和宣言」発表大会があった。「宣言」は奴隷制と植民地主義の克服のための宣言と行動計画を採択したダーバン宣言の一〇年周年を記念するものであった。ダーバン宣言は二〇〇一年九月、南アフリカのダーバンで行われた国連主催の「反人種主義・差別撤廃世界会議」において採択され、「奴隷制は人道に対する罪」であり、「植民地支配は人道に対する罪」であると闡明《せんめい》された。ただ、その間、旧植民地支配国家のサボタージュで「宣言」の実施は遅々として進まず、同宣言は会議がアフリカで行われたこともあって、奴隷制に関心が集中し、東アジアにおける植民地支配の問題はほとんど触れられなかった。東京宣言は、ダーバン宣言の東アジア版である。

奴隷とは全人格的な他者への隷属であり、植民地とは集団としての他者への隷属である。その特徴は、自らの運命を決定する権利、すなわち主権の剥奪である。人間が自らの運命に対する決定権を剥奪されることが、最も過酷な人格の否定である。奴隷制・植民地主義は個人および集団の肉体的・精神的人格に対する抹殺であり、ジェノサイドと同じ「人道に対する罪」である。今こそ、アヘン戦争以降、東アジア諸民族が主権を剥奪され、植民地状態に置かれてきた被害、不条理に対する「歴史的人権」の回復を求めねばならない。

私の目から見ると、沖縄は長い間、自己決定権＝主権を剥奪されてきた。それはとりもなおさず植民地状態である。琉球処分以降、第二次世界大戦の終結まで、植民地であったとしか言いようがないと思える。しかしウチナーンチュが植民地および植民地責任の清算をあまり深刻に考えていないように思われる。沖縄が受けてきた莫大な受難、損害の回復を求め、平和と人権が実現される「民衆中心の東アジア」の核心にすっくりと立ち上がろうとするなら、歴史的人権の回復こそが喫緊の課題として意識されるべきであろう。

※沖縄の「慰安婦」問題とナヌムの家

女性史研究家　浦崎　成子

沖縄の日本軍「慰安婦」問題の調査研究は、一九七二年の「復帰」後、とくに関連性を持たない団体、個人によって五月雨《さみだれ》式になされて来た。それゆえ、今日まで「沖縄戦の中の日本軍慰安婦問題」の調査研究の成果は、共有されていないといえる。沖縄の「慰安婦問題」の調査研究成果を、教科書へ記述・反映させていく努力が求められる。

沖縄戦体験者でもある軍「慰安婦」当事者の聞き取り、語り、自著は少ない。しかし『赤瓦の家』（ちくま文庫）では、川田文子さんが時間をかけて、戦後も沖縄に居住し沖縄で亡くなった朝鮮人女性、ペ・ポンギさんの軍「慰安婦」とされた半生を記録している。

またもう一点、沖縄女性史でも極めてまれな自伝『辻の華』で、故上原栄子さんは「慰安婦」であったことを記録しており、それは陣中日誌、沖縄戦軍幹部の著書に照らしても正確であることがわかる。

一九九二年に筆者らのグループが発表した「慰安所マップ」から、日本軍の駐留した沖縄中の離島から山野にいたるまで設営された軍「慰安所」は、延べ一四〇カ所以上が確認された。また、沖縄戦時の軍「慰安所」経営の実態は、日本軍陣中日誌から態様を窺《うかが》うことができる。沖縄戦の最高司令部である第三二軍本

沖縄の慰安所マップ

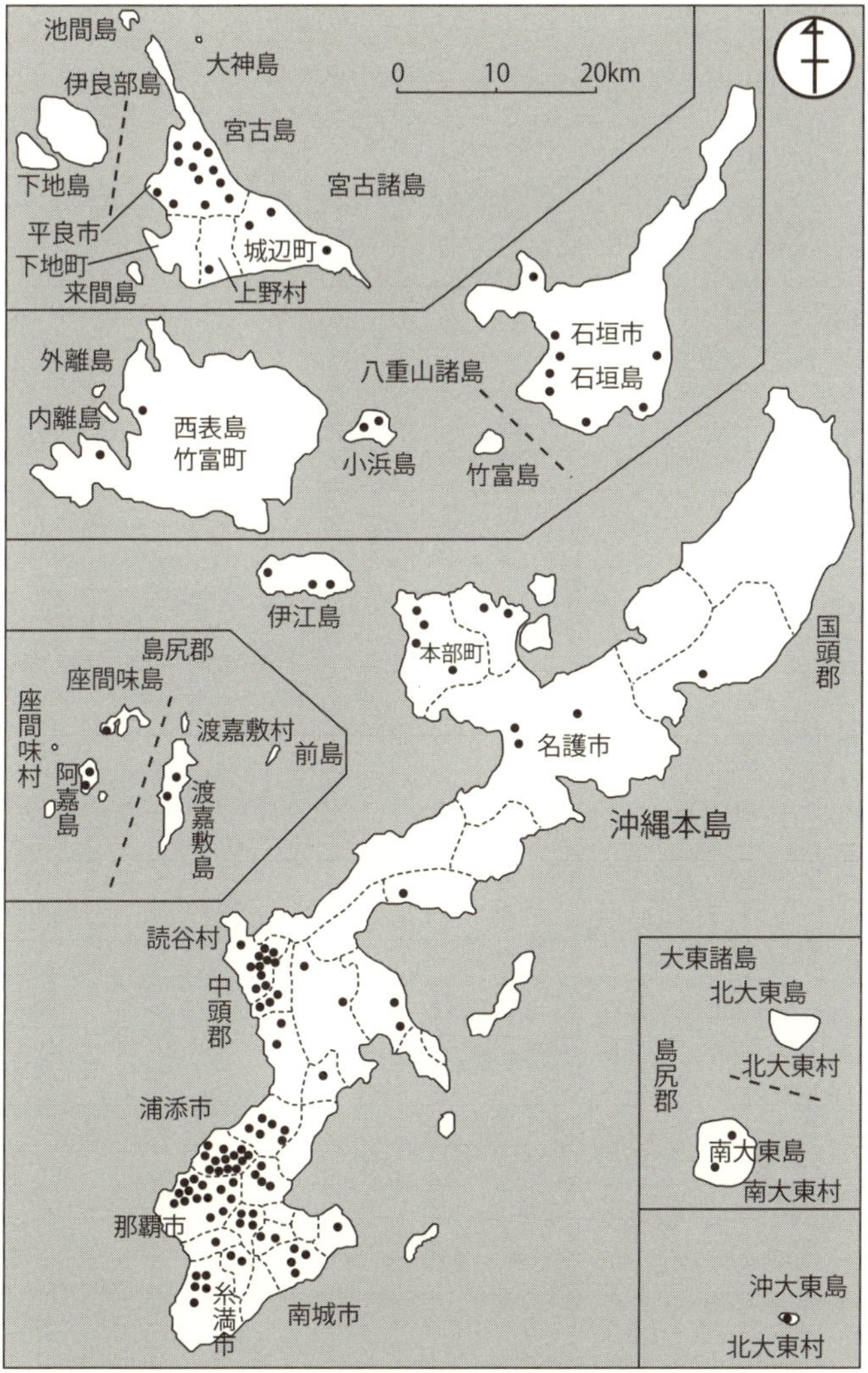

沖縄本島中・南部には、陣地構築のために、多くの日本軍が配置されていたので、慰安所も、その地域に集中していた。

＊1993年12月20日現在の調査をもとに「第5回全国女性史研究交流のつどい―報告集」（1994年発行）に掲載されたマップを、市町村合併による現在の市町村名を反映させて、筆者・浦崎が作製した。

部は、首里城地下壕に配置されたが、最高司令部の陣中日誌にもまた、その壕にいた「慰安婦」たちの存在が記録されている。戦後、米軍による沖縄からの「本国送還朝鮮女性乗船名簿」には、わずかに一五〇名の女性の名があるだけで、ペ・ポンギさんらのように戦後も沖縄に留まった日本人、台湾人、朝鮮人女性たちについては、手がかりになる記録は見つかっていない。

一九九一年一〇月一八日、那覇でペ・ポンギさんの死亡が確認された。その二カ月後の一二月に、韓国で公式に「慰安婦」とされていたことを名乗り出た金学順《キムハクスン》さんら元「慰安婦」三人が、軍人・軍属等とともに日本政府の謝罪を求めて東京地裁に提訴した。

それ以降、韓国仏教人権委員会は、「慰安婦」とされた女性のために「ナヌムの家」(分かち合いの家)を韓国北西部の京畿道に開設し、世話をする人員を配置して共同生活の場を提供している。また、敷地内に資料館を運営してさまざまなワークショップを展開し、世界の人びとを受け入れている。

一九九七年一一月下旬から一二月初旬にかけて、韓国から「ナヌムの家」元院長のヘ・ジン氏とカメラマンや大学院生、立命館大学の徐勝《ソスン》氏が、「ナヌムの家」資料館開設に向けて資料収集のために来沖した。沖縄人権協会からも事務局の山吉、筆者らも調査に同行した。資料提供などもあり、収集団は大きな収穫を得て帰国した。

今、資料館にとっても沖縄収集品は、貴重な展示物である。ペ・ポンギさんを母のように世話をした沖縄在住の金賢玉《キムヒョノク》さんが、その遺影や遺品を資料館へ送るために、いとおしそうに包む姿が思い出される。

沖縄人権協会は、この資料収集団の受け入れ先となり、宿泊、資料収集先などの手配をし、彼らと「慰安婦」問題に関する報告集会を開催することができた。このことは、沖縄人権協会の作り上げてきたネットワークが充分に活かされ、平和と人権への思いを共有し、日本植民地問題と向き合う一歩になったと思う。

沖縄の子どもの人権
―不登校問題から子どもの人権を考える

早稲田大学教授
国連ＮＧＯ「子どもの権利条約総合研究所」代表
喜多　明人

二〇一一年七月、那覇市内で「不登校の子どもの権利」について講演を行った。沖縄では、不登校問題について「子どもの人権」の視点からの十分な理解が得られていない、との要請をうけての講演であった。おそらくは沖縄の不登校問題は、「子どもの人権」に関し、その〝社会における定着度〟をはかるバロメーターとなるといえそうである。

わたしは以前から「不登校」問題に関心を持ってきた。その原点は、国連が一九八九年に採択した子どもの権利条約である。とくにその一二条に定められた「子どもの意見表明権」という「子どもの人権」に影響されてのことであったと思う。

「不登校」は、文字通り「学校に行かない」という行為を指している。いうまでもなくその行為は結果であって、原因や理由ではない。子どもが学校に行かなくなる、という状態は、結果であって、子どもにとっては、「行かない」という行為をとった言い分、理由があったはずである。たとえば、学校でいじめがあり、その辛さから逃れるための自己防衛として学校に「行けない」ことがある。あるいは、担任の教師による「体罰」がひどくて、身の危険を感じた子どもが学校に「行けない」状況に追い込まれることもある。先日、ある地域で訴えがあったケースは、発達障がいに無理解な教師が、「多動性」のある子どもをむやみに叱りつけて、その恐怖心から不登校になった子どもがいた。

いずれも、「子どものせい」ではない。学校や教師、子ども同士の関係に原因があったのであるが、往々にしてまわりは「不登校」の現実にばかり目が奪われて、おとな側が望んでいる「学校復帰」を優先してしまう傾向がある。その場合には、不登校は、「子どもの怠け」とか、病理現象という扱いをうける。実際、「いじめ死」研究をしていて気づくことは、その背景に不登校を認めない土壌があって、逃げ場を失った子どもが過酷ないじめから自殺に追い込まれるというケースが跡を絶たないことである。

「不登校」が社会問題化するということは、多くの場合は、子どもの意見表明権がきちんと守られていないことの証左である。なぜ学校に行かないのか、その行為から、「言葉によるかそうでないかを問わず」(ユニセフ『世界子供白書』二〇〇三年)、子どもの気持ちや思いを受け止めていくことはおとなの責任であり、その原因となっている問題を解決することが、本来おとながやるべきことである。それは「非行」という行為の原因究明にもあてはまる。

二〇〇九年には、沖縄人権協会の主催講演会で、国連子どもの権利条約採択二〇周年の意義について論じた(私の記憶では、同協会の要請で「体罰問題」「子どもの権利条例」についても講演した)が、一九九四年四月に日本政府が批准して一八年。そろそろ子どもの人権の視点にたった子ども問題の解決が図られてほしい。

二〇〇九年八月、フリースクールに通う子どもたちが、一年以上に及ぶ「子どもの権利条約学習会」の成果として、「不登校の子どもの権利宣言」を公表し、その普及活動に取り組んでいる。

その二条、三条には、以下のように書かれている。

二条　学ぶ権利

私たちには、学びたいことを自身に合った方法で学ぶ権利がある。学びとは、私たちの意思で知ることであり他者から強制されるものではない。私たちは、生きていく中で多くのことを学んでいる。

三条　学び・育ちのあり方を選ぶ権利

私たちには、学校、フリースクール、フリースペース、ホームエデュケーション（家で過ごし・学ぶ）など、どのように学び・育つかを選ぶ権利がある。おとなは、学校に行くことが当たり前だという考えを子どもに押し付けないでほしい。

この文書は、事実上、日本の子どもによる初の「学習権宣言」である。「学びたいことを自身に合った方法で学ぶ権利」を不登校の子どもたちから訴えられたことは、何とも皮肉である。日本の学校が、子ども一人ひとりに合った学びが保障されていない、という子どもからの訴えは、日本の学校改革の原点であり、かつ、学校以外の「学びの場」の公的な保障（＝「オルターナティブ教育法」の制定）への原点であるといえないか。

人権協会と琉球大学スタッフの活動

元琉球大学学長　砂川　恵伸

一九六一年四月四日の夕刻、那覇市松尾の教育会館ホールで沖縄人権協会結成の瞬間に立ち会った時の気持ちの昂りを、今でも思い出すことができる。

当時、私たちは大学で人権尊重の新憲法を中心とする法律学を教える立場から、人権協会結成の動きに大きな期待をもって関わっていた。琉球大学法政学科を代表するような形で憲法学の赤嶺義信教授が発起人に名を連ねていたし、設立総会には私たちも打ち揃って出席した。赤嶺教授は副会長に、ほかの若手たちも理事に選任され、人権協会の活動中枢に参加することになった。記録によれば、私は間もなく研修のため渡米し、人権協会の理事になったのは帰国後の一九六三年からとなっているが、どういうわけか自分では結成当初からだったと思い込んでいた。おそらく、それはこれから述べるような背景が影響していたのではないかと思う。

時間を少し前にさかのぼってみることにしよう。私が琉大の法政学科に赴任したのは、一九五七年四月だった。沖縄ではその年の一月に日本本土に九年も遅れて、ようやく琉球政府の民立法による「新民法」が施行されたばかりだった。新憲法下で制定された本土の「新民法」をそのまま写し取った内容で、個人の尊厳と法の下の平等を基本理念とする家族法の誕生であり、家族関係における自由主義人権思想の夜明けというべき大きな変革だった。琉大で民法担当の仲井間宗成さんや私などは、各地の新民法普及講演に何度も駆り出されたものである。

しかし学内にはどこか低調な空気が漂っていた。前年の一九五六年に起きた琉大学生処分問題の苦い結末が暗い影を落としていたのではないかと思う。琉大学生処分問題とは、軍用地問題に対する要求を掲げて行われた県民大会とデモ行進での琉大学生たちの行動に、米国民政府のバージャー主席民政長官が反米行動だと激怒し、琉大当局に学生の処分を求めたことに始まり、曲折の末、学生指導者六人を除籍処分とし、一人の女子学生を謹慎処分とすることで決着した一連の出来事である。

この問題で琉大、とくに処分学生たちの在籍した文理学部は大揺れに揺れた。教授会は学生の身分に関する大学の自治権を主張して激しく抵抗したが、結局、大学の存亡に関わるような米国民政府の強権的圧力に屈せざるをえなかった。

当時、文理学部には社会科学系に新進気鋭の若手教員がそろっており、一九五四年に琉球政府立法院の防共法制定の動きに対し、思想、学問の自由を守るために、「法経研究会」の名で新聞紙上に反対の論陣を張って、これを食い止めるという快挙もあった。彼らにはこの体験からくる気負いもあったはずであり、それだけに学生処分問題での敗北は重い挫折感をもたらしたに違いなかった。私が赴任したのは、このようなことがあって間もない時期だったから、先輩教員たちが折りにふれて熱っぽく語る、こうした明暗こもごもの闘争体験を聞かされたものである。

私が赴任してからの出来事としては、まず行政主席選任問題が印象に残っている。大領領行政命令は行政主席の選任について、高等弁務官が「立法院の代表者に諮って任命する」と定めていたが、高等弁務官は一九五八年に声明を出して、次期主席を立法院内の多数党から任命すると発表した。これに対し、琉大の私たちは「琉大法政研究会」の名で新聞に反論を展開した。高等弁務官は、立法院が選挙手続きによって決定する代表者に諮るべきであり、勝手にこの手続きを省くことは許されないと主張し、さらに進んで住民の直接選挙によって選任するのが、民主主義の理想に最もよく沿うことを力説した。この主張は、残念ながら黙殺されてしまったが、八年後の一九六六年には立法院の間接選挙による主席選任が実現し、一九六八年にはようやく住民による公選主席の誕生をみた。

もう一つの印象深い出来事は、「新集成刑法」問題である。一九五九年に刑法と訴訟手続法典を集成した布令「新集成刑法」が公布されると、たちまち各種団体や専門家から人権保護の面で欠陥が指摘され、撤廃要求が高まった。琉大からも刑法学の金城秀三教授が新聞紙上で論評し、ほかのスタッフも手分けして各地の勉強会に参加した。立法院行政法務委員会から参考人として呼び出しを受けて意見を述べたこともあるが、その時は、米国民政府からも法務部長のクリーガー大佐ほか二、三のスタッフが出席しており、私たちと彼らの双方が専門的な立場からかなり突っ込んだ法律論争を交えるのを、議員の面々は傍で神妙に聞くという一幕もあった。結局この布令はそれから何日もしないうちに施行無期限延期となり、反対運動は成功を収めた。

こうした一連の行動の中で、私たちの間にある種の同志的連帯感が芽生えたのは、自然な成り行きだったといえる。それから間もなくして沖縄人権協会の誕生を迎えることとなり、私たちの中からも四人が理事会に名を連ねた次第であるが、私の中では「誰それが」というよりも「われわれが」参加したという連帯の感覚が強かったのかもしれない。それがいつしか冒頭に述べた私の思い違いにつながったのではないかと思う。なお、ここでとりあげたのは、ご覧のようにすべて人権協会発足以前の出来事である。発足後については、人権協会の記録におまかせしてもよかろうと考えたからだ。当時の琉大スタッフは、私を含めて七人だったが、人権協会結成時に理事となった四人の先輩は、すでに鬼籍に入られた。改めて過ぎた歳月の長さを思わずにはいられない。

沖縄人権協会という存在

沖縄人権協会事務局

山吉　まゆみ

沖縄人権協会は不思議な団体だ。ごく少数で活動しているのに、県民には、とても大きな（?・）団体に思われているのだ。その知名度は、というと買い物をして領収証をもらうとき、「人権協会で」というと、「あぁ」とうなずいて、たいてい間違いなく書いてくれる。

電話での相談受付では、「警察に行ったら、人権協会に相談したらと言われたので」ということもあった。とはいえ現実には、電話や面談での相談件数はここ数年、減少気味だ。

わたしは一九八〇年の夏に、それまで勤務していた東京の家永教科書裁判全国連絡会事務局を辞めて沖縄に移り住んだ。住み始めたマンションの一階には沖縄女子短大付属の幼稚園があり、息子はそこに入園した。一人ひとりを大事にする園だった。その時の園長が短大の学長でもあった安里《あさと》彦紀先生だった。その「ひこのり先生」（親しみを込めてみんながこう呼んだ）が沖縄人権協会の理事長（当時）だと知ったのは、一九八三年末の事務局入局後だった。沖縄県憲法普及協議会も兼務する、たったひとりの事務局員としてのスタートだった。

「事務局に入って一年以上勤めた人はあまりいない」と言われ、「二年経ち」「五年経ち」「最長不倒記録だ」で、五〇年史のうちの五分の三を在籍することになってしまった。

この間も沖縄はいろいろな面で劇的に動いた。その中心、あるいはそれに近い位置に、いつも沖縄人権協会は存在していたように思う。

年間の最大の取り組みは、人権協会と憲法普及協を中心にした憲法講演会だ。

一九八七年の憲法講演会は、家永教科書裁判で証人として立った森村誠一さん（作家）が講師を引き受けてくれた。それまでの会場では手狭になるだろうということで、祝日閉館だった那覇市民会館を特別に使用できるようにしてもらった。当日は会館が溢れるほどの参加者だった。

例年、参加者数が一〇〇〇人から一五〇〇人となり、いまでは県民にすっかり定着した感のある五月三日の憲法講演会（実際は動員なし、前売り券なしで、幕を開けるまで参加人数がどうなるかハラハラドキドキ）。実は沖縄に日本国憲法が適用される以前、つまり復帰以前の一九六五年に立法院で憲法記念日が条例化され、それから沖縄人権協会と祖国復帰協議会が中心になって開催してきたのだ。それを知った時は、感激した。

一九六五年四月二一日の琉球新報夕刊には、次のような記述がある。

「四月二一日松岡主席は、先に立法院が議員発議で可決（四月九日）して行政府に送付していた五月三日を休日にする立法の一部改正案に署名し、即日公布した」

憲法が適用されていない沖縄に、憲法記念日が誕生したのだ（Ⅱ章六二頁参照）。

「この改正案は本土で施行されている憲法記念日を新しく規定しており、日本国憲法は法域の相違で沖縄には適用されないので、立法院で可決のあと民政府との事後調整の問題などで主席がこの法案に署名するか

どうか注目されていた」（同紙）

沖縄を切り捨てて成立した憲法だが、当時の人びとの憲法への熱い思いが伝わる。翌年の一九六六年五月三日に開催されたのが、第一回目の憲法講演会だ。

一九八八年の憲法講演会は、那覇市民会館が取れず四〇〇人規模のホールでの開催となった。講師はフォト・ジャーナリストの吉田ルイ子さんで、タイトルは「見てきたアパルトヘイト」。人種差別に苦しむ南アフリカの人びとに沖縄の置かれている姿を重ねあわせて共感を呼んだ。会場は超満員。安里彦紀理事長や憲法普及協議会の平良良松会長をはじめ関係者はみな床に座り込んだ。その姿を見たルイ子さんもいっしょに座り込んだ。

海外との交流も徐々にすすんだ。吉田ルイ子さんを通してアパルトヘイトがまだつづく南アフリカのカメラマン、ビクター・マトム氏の講演や、指導を受けたソウェトの子どもたちの写真展も企画。アパルトヘイトへの関わりは映画「サラフィナ」の上映や、南アフリカ歌舞団の「アマンドラ」公演（一九九〇年）へとつづいた。

そして一九九五年一二月の総会記念講演者・徐勝《ソスン》さんとの出会いが台湾、韓国との交流に大きく繋がった。「東アジアの冷戦と国家テロリズム」を主題に台北、済州島、沖縄（私たちが現地事務局を担った）、光州、京都、麗水にて国際シンポジウムを開催、そのつど輪がひろがった。現在では平和や人権といったキーワードでアジアをはじめ海外との交流も数多くあるが、当時はまだそれほど交流がなく、沖縄問題を世界の中で考える視点をもつことができた。

一九九六年の憲法講演会は歴史学者の家永三郎さん（当時八三歳）を迎えた。高齢で体調もすぐれないため、「三〇年来たたかっている教科書裁判に専念したい」と、ほとんどの講演依頼を断っていた家永さんが、「沖縄ならば」と引き受けてくれた。執筆した高校日本史教科書が検定で不合格になり、理由のひとつとして沖縄戦の記述があげられた。その第三次訴訟をめぐり、沖縄出張法廷が一九八八年に開かれた。その時の沖縄側証人のひとりだった大田昌秀知事と家永さんのツーショットの写真が、五月三日の朝刊に大きく掲載された。事前に医師の検査を受けて体調に気を遣い、万全の体勢で臨んでくださった。那覇空港での最初の言葉は、「ようやく約束をはたせました」であった。会場は二千人の参加者で溢れかえった。

手元に屋良《やら》朝苗《ちょうびょう》氏からの、人権協会総会開催への祝賀メッセージが二通ある。一通は一九七〇年九月の「琉球政府主席」の屋良氏から、もう一通は七二年一〇月の「沖縄県知事」の屋良氏から。復帰直後の知事のメッセージには、「わが沖縄では復帰後も軍事基地の存在や不健全な社会環境等から幾多の人権侵害事件が発生し」とある。

復帰のとき那覇市長だった平良良松さんは、沖縄県憲法普及協議会が一九七二年五月一五日に発行したポケット版『憲法手帳』で次のように言う。

「本土政府が復帰対策として、真先に提示したのが、反憲法体制の象徴ともいうべき、自衛隊配備であった。私たちはこれに対し、反戦平和、県民福祉、市民生活の細部と結びついた憲法精神を対置して、憲法の命をよみがえらせなければならない。つまり、憲法の初原の命を、本土へさしむけるのである。五月一五日はその第一歩をしるす日である」

何度も目にしてきた言葉だ。いつも胸を打たれる。いまは、なおさら胸に迫る。

沖縄人権協会はとても小さな沖縄だけの市民団体だ。でも、その存在は大きいものでありたいと思う。

沖縄人権協会関連【略年表】

＊1952年

9・　越来（ごえく）村（現沖縄市）越来で沖縄初の「人権擁護区民大会」開催

＊1955年

1・13　朝日新聞、特集記事「米軍の『沖縄民政』を衝く」を掲載、日本本土で「沖縄問題」論議おこる

1・30　アジア法律家会議で沖縄人権問題の現地調査委組織を決議（カルカッタ）

3・30　日弁連人権擁護委「米の沖縄統治には人権侵害の疑いあり」の報告書

9・3　石川市（現うるま市）で米兵の少女暴行惨殺事件（由美子ちゃん事件）起こる

11・22　治外法権の撤廃などを要求する全沖縄人権擁護住民大会が開かれる

＊1956年

8・29　日弁連特別調査委「新集成刑法（民政府布令）は人権・思想・政治活動の自由を侵害の恐れ」と発表

7・28　四原則貫徹県民大会（島ぐるみ闘争）

12・26　那覇市長選挙（25日）があり、瀬長亀次郎氏当選

＊1959年

6・30　石川市宮森小学校に米軍ジェット機墜落

8・18　国際人権連盟・ボールドウィン議長来沖

＊1960年

1・19　日米新安全保障条約調印

4・28　沖縄県祖国復帰協議会（復帰協）結成

6・19　午前零時、国会が大群衆に囲まれる中、新安保条約自然成立。アイゼンハワー米大統領沖縄へ。祖国復帰県民大会とデモが迎える

＊1961年

2・9　沖縄人権協会設立趣意書発表

4・4　沖縄人権協会発足（結成総会）

6・1　売春防止法の立法化要請

9・22　日本自由人権協会調査団来沖（11月に「沖縄の人権問題は異民族支配に起因、施政権の返還こそ根本的対策」との報告書を発表）

＊1962年

1・26　米兵の妻子置き去りについて普天間在ライカム（琉球軍指令部）法務局の損害賠償官に善処を要請

3・13　渡航制限問題と公民権停止問題についての意見書を民政府へ手交

5・18　第2回総会講演（帆足計、日本自由人権協会理事）

◆沖縄人権協会関連【略年表】

＊1963年

3・4 上之山中学校国場君轢殺事故対策協議会を結成。米当局に抗議・要請（事故は2月28日）

5・18 第3回総会記念講演伊藤正己東大教授「米国憲法と人権について」

8・4 渡航問題、上之山中学生轢殺事件に関する国際人権連盟への訴えを公表

＊1964年

7・20 国際人権連盟への報告書「最近における弁務官の自治権否定の事実」送付

11・28 沖縄人権協会宮古支部結成総会

＊1965年

4・7 立法院で、条例として憲法記念日の祝日案が可決

5・28 検察審査会立法要請書を立法院議長、主席へ手交

6・18 隆子ちゃん圧殺県民抗議大会（事件は6月11日）

6・19 米軍人軍属による被害の賠償問題について福地事務局長、ラジオ沖縄で法務局次長と対談

9・9 渡航拒否損害賠償、原爆被爆者医療費請求を、国を相手に東京地裁に提訴（沖縄違憲訴訟・住民8人）

＊1966年

1・28 公民権剥奪に関する意見書発表

3・23 公害3法の立法促進要請

3・25 公害防止対策協議会を当会内に設置

5・3 第1回憲法講演会（遠藤三郎「日本国憲法と軍隊の功罪」）を復帰協と共催

6・21 友利・サンマ裁判移送撤回共闘に参加

12・13 「人権擁護の歩み創刊号」発行（以降11号まで）

＊1967年

5・3 第2回憲法講演会（荒木善次「日本国憲法と民主教育」）を共催（以下、毎回共催）

7・14 瀬長亀次郎氏の旅券交付に関する要請をアンガー高等弁務官らに行う

11・25 講和前人身損害未補償者連盟結成大会

12・26 警察官暴行事件で警察局に抗議要請。法務局に対し人権擁護法、検察審査会法の立法要請

＊1968年

4・28 中野好夫氏の来沖申請について、渡航拒否の通知

5・3 第3回憲法講演会（高柳信一「憲法における平和と人権」）

10・10 初の主席公選実施、屋良朝苗氏当選

＊1969年

3・4 第8回総会記念講演（「国民としての完全な国政参加」）

5・3 第4回憲法講演会（田畑忍「沖縄と憲法」）

＊1970年

5・2 第5回憲法講演会（小林直樹「復帰と憲法」）名護、

那覇、コザ、宮古で3日まで
5・7 売春防止法の立法化への参考人として立法院出席
6・12 米兵犯罪について弁務官に公開質問
9・12 第10回総会記念講演「侵される沖縄の人権」
11・15 戦後初の国政参加選挙
12・15 轢殺事件無罪判決・毒ガス撤去について声明
12・21 コザ事件についての声明発表

＊1971年

3・25 「売春をなくす運動」推進会議に参加
5・3 第6回憲法講演会（星野安三郎「憲法・自衛隊・沖縄返還」）那覇、コザ、宮古、八重山で5日まで
5・25 ＰＣＢ汚染事件、続発する米軍犯罪について声明
6・17 沖縄返還協定調印
7・6 理事懇談会「復帰後の人権擁護の課題と展望」
9・18 第11回総会講演「転換期における政治と人権」

＊1972年

4・24 沖縄県憲法普及協議会結成
5・3 憲法普及協設立記念第7回憲法講演会（戒能通孝「沖縄県民にとって五・一五は何を意味するか」）各地で
5・15 沖縄本土復帰（沖縄県発足）
復帰協は自衛隊配備反対、軍用地契約拒否、沖縄処分抗議、佐藤内閣打倒5・15県民総決起大会開催
9・25 栄野川さん射殺事件で防衛施設局、キャンプハンセン、米国領事館に抗議
10・28 第11回総会（シンポジウム「公害―沖縄開発との関連を中心に」）
12・4 喜屋武さん殺害事件に対する抗議

＊1973年

4・13 米軍戦車による日本人婦人轢殺事件で抗議声明
5・3 第8回憲法講演会（渡辺洋三「憲法と自治・開発問題」）
6・27 県警の精神障害者通報問題に対する声明

＊1974年

5・3 第9回憲法講演会（小川政亮「私たちのくらしと憲法」）
5・20 外国人事件続発に対する抗議声明
7・12 伊江島米軍基地における発砲事件に対する抗議声明
7・26 韓国・民青学連事件に関する声明

＊1975年

3・8 第14回総会記念講演（水野益継、刑法「改正」問題）
4・26 米兵による女子中学生暴行事件に関する抗議声明
5・3 第10回憲法講演会（丸谷金保「日本の現状と私の実践した自治体づくり」）

＊1976年

5・3 第11回憲法講演会（宮坂富之助「消費者の権利と憲法」）

◆沖縄人権協会関連【略年表】

5・29 刑法「改正」についての声明
6・13 平良幸市氏県知事に当選
7・ 韓国の三・一民主救国宣言を支持し全政治犯の即時釈放を要求する百万人署名運動に参加
9・16 県道104号線上の実弾射撃演習に対する抗議声明
12・4 人権週間記念無料人権相談の開設

＊1977年

3・28 第16回総会記念講演(石原昌家「沖縄戦と平和運動」)
5・3 第12回憲法講演会（憲法30周年・復帰5周年記念大田昌秀、金城睦「憲法と沖縄」）那覇、石垣、平良で7日まで
6・15 大村収容所問題及び在沖朝鮮人問題について那覇入国管理事務所へ、在日朝鮮人総連合会沖縄県支部とともに抗議行動

＊1978年

2・ 核兵器使用禁止要請署名への取り組み
2・20 核問題学習会、講師・宮国信栄（公害衛生研）
5・3 第13回憲法講演会（山川暁夫「アメリカ極東戦略と在日米軍基地」）
8・12 映画「金大中事件」上映と講演会を開催
12・10 西銘順治氏県知事に当選

＊1979年

3・20 第17回総会（シンポジウム「子どもの人権」）「子どもの権利を守りそのすこやかな発達の保障を求める宣言」採択
4・27 元号法制化に反対する県民集会（共催）
5・3 第14回憲法講演会(大江志乃夫「日本の軍隊」)石垣、平良でも開催
10・1 最高裁裁判官国民審査制度についてアピール

＊1980年

2・29 第18回総会記念シンポ「沖縄における婦人問題—トートーメーをめぐる慣習と人権」
5・3 第15回憲法講演会（玉野井芳郎「八〇年代の平和憲法を展望する」）
6・23 6・23平和をつくる討論集会
7・9 生命の危機に瀕する金大中氏ら韓国政治犯の救援に関する声明

＊1981年

2・10 2・11を考える集会
2・22 自衛官募集業務・主任制度化阻止県民総決起大会
4・14 学習会、教育委員の準公選について
5・3 第16回憲法講演会（芝田進午「憲法と人間」）
9・14 軍事力強化をねらう鈴木首相の来沖糾弾、平和と生活向上を要求する県民総決起大会
10・26 実弾射撃演習阻止・核基地撤去県民大会
12・12 第19回総会20周年記念シンポジウム「陽のあたらぬ

人権に光を」

＊1982年

5・3　第17回憲法講演会（中山千夏・矢崎泰久「政治と憲法―人間解放のために」）

6・7　第20回総会と記念シンポジウム「子どもの人権―学校での生活指導を中心に」

＊1983年

2・8　ブックレット『学校内における子どもの人権』発行

5・3　第18回憲法講演会（大田昌秀・若尾典子「沖縄の憲法状況'83」）

10・7　第21回総会とシンポ「学校内における子どもの人権」

12・10　世界人権宣言35周年記念講演会「米軍占領下の言論の自由」

＊1984年

5・2　第19回憲法講演会（大槻健「憲法と教育」）

12・7　第22回総会記念講演（嶋 津与志「沖縄戦と有事立法」）

＊1985年

5・2　第20回憲法講演会（藤原彰・安仁屋政昭「戦争の歴史と平和の創造」）名護、那覇で3日まで

7・1　憲法・人権学習の夕べ―国家機密法（スパイ防止法）

10・2　「日の丸・君が代斉唱」強制促進の動向に反対する声明発表、県内自治体・議会に陳情書を送付

＊1986年

3・20　「中学生に対する丸刈り強制の廃止を求めるアピール」発表、県内で署名活動開始

5・3　第21回憲法講演会（西川潤「憲法40年現実と未来」）

10・　国家機密法の制定に反対する運動に取り組む

＊1987年

1・23　国家機密法制定反対県民連絡会議結成、代表幹事団体として参加

5・3　憲法施行40周年・第22回憲法講演会（森村誠一「日本国憲法の証明―国民の幸福を保障する憲法」）

6・22　「慰霊の日を迎えて」声明発表

＊1988年

5・3　第23回憲法講演会（吉田ルイ子「見てきたアパルトヘイト」）

10・13　「天皇元首化の動きに反対するアピール」を発表

12・10　第25回総会・世界人権宣言40周年記念「沖縄・子どもの人権」円卓会議

＊1989年

1・13　「天皇死去・即位をめぐる事態について」声明発表

5・3　第24回憲法講演会（古屋和雄「人間らしく生きたい―家族、人権そして教育」）

5・　「6・23慰霊の日の休日廃止に反対し、その存続を訴える会」に参加、以後継続。

◆沖縄人権協会関連【略年表】

9・21　自衛隊施設の情報公開で那覇市長へ激励と要請

＊1990年

5・3　第25回憲法講演会（木村晋介「キムラ弁護士　憲法の極意を語る」）
7・　反アパルトヘイトへの取り組み、映画と講演など
10・27　緊急シンポ「国際平和協力法を考える」
11・18　大田昌秀氏県知事に当選

＊1991年

1・24　第27回総会・プレ30周年記念トーク「女性と子どもの人権を考える―吉田ルイ子さんを囲んで」
2・11　（再開）第1回「2・11建国記念の日に反対する集会」
3・12　「日の丸・君が代のおしつけに反対する意見書」を県知事、県教育長に提出
4・4　「子どもの人権を考える会」結成
5・3　第26回憲法講演会（灰谷健次郎「命の優しさ」）
9・7　30周年記念誌「やまと世20年　検証・沖縄の人権」（ひるぎ社）発行
11・21　緊急学習会「PKO法案を考える」
12・9　第28回総会30周年記念講演（森川金寿「沖縄の人権を考える」）

＊1992年

5・3　第27回憲法講演会（川谷拓三・根本順善「いのちの旅―フィリピンにみるもうひとつのオキナワ」）
12・10　第29回総会記念講演（ラサール・パーソンズ「人権侵害と戦後補償―ウチナーンチュが体験したアメリカ強制収容所」）

＊1993年

4・20　「植樹祭過剰警備についての県民アピール」10団体とともに共同で発表
5・3　第28回憲法講演会（大石芳野「見つづけてきたカンボジア」）
10・1　旧立法院ビル議事堂保存活用についての緊急要請
10・6　「沖縄県水難事故の防止及び遊泳者の安全の確保等に関する条例」の廃止を求めるアピールを発表
10・22　『住民無視の「P3C送信所」建設のための「土地境界確認」を即時中止しその差し戻しを求める要請書』を8団体連名で提出
12・11　第30回総会記念講演（チャールズ・オーバービー「第九条は世界への日本の贈り物」）

＊1994年

4・10　「自然と山原を考えるバスツアー」を企画
5・3　第29回憲法講演会（ダグラス・ラミス「日本国憲法はもっと素敵なはず―「平和常識」は「平和ぼけ」ですか」）
6・6　「核密約に関する意見書」を発表
8・30　憲法講演会（樋口陽一東京大学教授「日本国憲法を

読み直す」）を憲法普及協と共催

＊1995年

5・3　第30回憲法講演会（井出孫六「戦後50年歴史を見る目―物差としての憲法」）

6・23　沖縄戦終結50周年、「平和の礎」完成

7・　フィリピン残留孤児松田さんの国籍取得問題について調査・要請

9・14　「米兵少女暴行事件」で抗議声明

9・24　50頁に及ぶ「地位協定及び日米安保条約に関する意見書」を発表し、米国自由人権協会、国際人権連盟等に送付

10・21　少女暴行事件に抗議し基地の整理縮小を求める県民総決起大会に参加

12・7　第32回総会記念講演（徐勝「〝ポスト冷戦後〟の東アジアの人権」）

＊1996年

3・27　徐勝氏講演録をブックレットとして発行

4・9　オーストリアラジオ放送局が人権協会などを取材、40分番組として放送

5・3　第31回憲法講演会（家永三郎「次代に伝えたいこと」）

8・15　県民投票市民連絡会に参加

8・28　最高裁、「代理署名裁判」で大田知事の上告を棄却

9・8　基地問題で全国初の県民投票。基地の縮小に89％（有権者の54・4％）が賛成

10・10　南アフリカのカメラマン・ビクター・マトム氏の写真展と講演会

10・29　フィリピン残留孤児の松田さん国籍回復。「松田さんの国籍取得についての声明」を発表

＊1997年

2・21　第1回国際シンポ「東アジアの冷戦と国家テロリズムin台北」に参加（25日まで）

4・3　「駐留軍用地特措法改正案に反対する声明」を発表

5・3　第32回施行50周年記念憲法講演会（陸培春、高嶋伸欣「日本のジョウシキ　世界の非常識!?―アジアとともに生きる道」）

9・22　第3次教科書裁判最高裁判決報告集会を共催

12・10　第34回総会記念シンポ（「新ガイドラインと海上基地で沖縄の人権はどうなる」）

12・21　普天間代替施設建設の是非を問う名護市民投票、反対票が52・85％

＊1998年

3・31　アメラジアンの教育権に関してアメリカンスクールの実態調査実施

4・17　普天間基地包囲実行委員会に参加

5・3　第33回・世界人権宣言50周年記念憲法講演会（妹尾河童「少年H沖縄で語る」）

8・21 第2回国際シンポ「済州4・3」50周年記念―21世紀の平和と人権（韓国済州市）に参加（24日まで）

9・22 国連人権機関の沖縄への誘致について、国連日本委員の横田洋三東大教授とともに大田知事に面談、記者会見。理事長、事務局長らが同席。「世界人権宣言50周年記念―沖縄に国連機関を」講演会を共催

10・28 国連・規約人権委員会での日本政府への質問リストに沖縄項目を初めて入れるため市民外交センターへ協力、実現する。

11・15 稲嶺恵一氏県知事に当選

＊1999年

3・23 「周辺事態措置法」等に反対する声明を発表

5・3 第34回憲法講演会（佐高信「今、憲法から視る」）

6・21 「盗聴法案の廃案を求める声明」『国旗・国家法案』の廃案を求める声明」を発表し、関係機関に送付

7・5 福地理事長が衆議院内閣府委員会の沖縄公聴会で、「国旗・国歌法案」に関して参考人として意見陳述

7・24 「日の丸・君が代」法制化、盗聴法に反対する緊急県民大会実行委員会に参加

8・5 ハンセン病者への差別の歴史についての伊波敏男講演会「病み捨てにされて」を共催

11・25 「普天間基地県内移設決定に対する抗議声明」発表

11・26 第3回国際シンポ「東アジアの平和と人権in沖縄（佐敷）」で現地事務局を担当

＊2000年

4・28 サミット参加のクリントン米大統領に（沖縄からのメッセージ「基地をお土産にしておもち帰りください」）ハガキ運動提唱。〝サミット人権110番〟設置

5・3 第35回憲法講演会（辛淑玉「この憲法　日本人にはもったいない!?」）

5・17 第4回国際シンポ「光州民衆抗争20周年記念・東アジアの平和と人権in韓国光州市」に参加

7・5 「たびかさなる米軍人犯罪に対する抗議声明」で記者会見、関係機関に送付

7・15 米兵事件に抗議する県民大会（宜野湾海浜公園）

7・20 カデナ基地包囲行動に参加

＊2001年

2・22 「米軍による被疑者の身柄引渡し拒否に抗議し、日米地位協定の即時改定を求める要請」を外務省沖縄事務所大使・在沖米総領事へ行う

5・3 第36回憲法講演会（ベアテ・シロタ・ゴードン「人類の希望、それは日本国憲法―誕生にたちあった女性からのメッセージ」）

7・4 「米兵の女性暴行事件に対する抗議」を那覇防衛施設局長、外務省沖縄大使、在沖米総領事に手交

12・5 人権協会設立40周年記念誌『四十年の歩み』を発行

第38回総会・40周年記念講演（宮里政玄「ブッシュ政権と沖縄基地」）

＊2002年

2・22 第5回国際シンポ「朝鮮戦争・日米安保・サンフランシスコ講和条約50周年─東アジアの平和と人権in日本大会」（立命館大学）に参加、25日まで

4・22 衆議院憲法調査会沖縄公聴会（名護万国津梁館）への参加呼びかけ、終了後報告集会

5・3 第37回憲法講演会（金子勝「〝時代の狂気〟にサヨナラ─経済の視点から憲法を語る」）

8・18 「8・18有事関連法案の廃棄に向けた国会議員との集い」を共催

12・6 米軍少佐暴行事件で外務省沖縄事務所長、那覇防衛施設局長、在沖米総領事に抗議と地位協定の抜本的改定を要求

12・20 米軍少佐暴行事件で県議会に地位協定の抜本的改定を陳情、採択される

＊2003年

3・17 「イラクへの武力攻撃とこれに対する日本政府の加担に反対する声明」を憲法普及協と連名で発表

5・3 第38回憲法講演会（辺見庸「どこまでも戦争の論理を拒む─人間中心の憲法をいかすために」）

10・31 憲法公布の11月3日を前に「日本国憲法をどうするのか─改憲を許さない行動を」のアピールを発表

＊2004年

1・20 「自衛隊のイラク派兵と防衛庁の報道自粛要請、会見廃止に抗議する声明」を発表

5・3 第39回憲法講演会（徐京植「〝断絶〟を超えるために」中村文子「90歳。伝えたい」）

5・16 普天間基地包囲行動実行委員会に参加

7・27 辺野古の基地建設阻止座り込み100日集会に参加

8・16 「沖縄国際大学への米軍ヘリ墜落事故に抗議し、普天間基地の即時無条件返還を求める声明」を憲法普及協と連名で、外務省沖縄事務所大使、那覇防衛施設局長、在沖米総領事に手交

9・12 沖縄国際大学米軍ヘリ墜落事件抗議宜野湾市民大会

12・1 「九条の会」沖縄講演会開催。小田実、奥平康弘、大江健三郎の各氏が講演、成功させる会に参加

＊2005年

2・1 「ネットワーク九条の会沖縄」結成総会に参加

4・14 沖縄から教科書問題を考えるシンポジウム「こんな教科書、子どもたちに使わせていいの？」を共催

5・3 第40回記念憲法講演会（辻井喬「反戦とは」、宮城喜久子「沖縄戦を未来につなぐ」）

5・15 普天間基地包囲行動に参加、実行委員会に加わる

6・19 緊急シンポ「軍隊の支配する世界─沖縄戦の真実に

せまる」を共催
7・6 米兵女児わいせつ事件で抗議声明
8・10 韓国済州島の四・三事件研究所の平和資料館建設の資料収集に協力、交流
12・14 第42回総会記念講演（比屋根照夫「戦後沖縄の憲法思想—米軍再編中間報告からみえるもの」）
12・19 F15戦闘機墜落事故に関する抗議声明

＊2006年
5・3 第41回憲法講演会（天木直人「私の人生を変えたイラク戦争—憲法9条を世界に発信しよう」）
5・9 緊急シンポジウム「〝教科書問題〟を考える」共催
11・19 仲井真弘多氏県知事に当選
12・7 第43回総会&45周年記念講演（又吉盛清「東アジアの中の沖縄—歴史を忘れず未来を拓く」）

＊2007年
4・2 「沖縄戦の歴史歪曲を許さず、沖縄から平和教育をすすめる会」に参加
08年度から使用の高校歴史教科書検定で、沖縄戦「集団自決」に関して、日本軍の強制記述を削除する検定をしたことに対し文科省に強く抗議、撤回を要請
5・3 第42回憲法講演会（アーサー・ビナード「美しい国のラムネ—プシュッと言葉の栓を開ける」、辺野古・嘉陽のおじぃに聞く）
5・13 嘉手納基地包囲行動に参加
6・9 「6・9沖縄戦の歴史歪曲を許さない沖縄県民大会」に実行委員会団体として参加
9・9 「大江・岩波訴訟沖縄出張法廷集会」及び報告集会
9・29 「教科書検定意見撤回を求める県民大会」（宜野湾海浜公園）主催者発表で11万人参加

＊2008年
3・5 「米軍兵士による少女暴行および犯罪・人権蹂躙に対する抗議声明」を、メア在沖米総領事に手交
3・23 「米兵によるあらゆる事件・事故に抗議する県民大会（北谷）」実行委員会に参加
4・11 大江・岩波訴訟地裁判決報告集会（主催：平和教育をすすめる会）に参加
5・3 第43回憲法講演会（伊勢﨑賢治「紛争の現場で9条を展望する」）
7・17 普天間移設関連の「7・17緊急県民大会」に参加
11・22 大江・岩波訴訟高裁判決、報告集会に参加
12・10 第45回総会・世界人権宣言60年記念講演（我部政明「日米関係と沖縄—平和的生存権の視点から」）

＊2009年
2・11 「建国記念の日」反対沖縄県集会を6団体と共催。この日発生した米兵の事件に対し「米海兵隊員による中学生暴行事件に抗議する緊急アピール」発表

4・24 「海賊対処法案」に反対する声明発表
5・3 第44回憲法講演会（池田香代子「戦争をする国にさせない―100人村から平和憲法が見えた」）
9・16 政権交代による民主党を中心とした連立政権誕生、鳩山首相「普天間基地は国外、県外へ」と表明
9・18 「普天間基地の即時閉鎖、辺野古新基地建設反対緊急9・18県民大会」に参加

＊2010年

1・24 名護市長選挙で「陸にも海にも基地は造らせない」と公約した稲嶺進氏が当選
4・25 実行委員会に加わった「普天間飛行場の国外・県外移設を求める4・25県民大会」9万人の参加
5・3 第45回憲法講演会（高遠菜穂子「命に国境はない―イラク戦争とは何だったのか？」）
5・4 普天間問題で鳩山首相来沖「県内移設表明」抗議集会、普天間第二小学校での対話集会に参加
5・16 普天間基地包囲行動に参加
5・23 鳩山首相再来県「辺野古移設表明」抗議集会
8・15 現行憲法の源流「五日市憲法」を映画化した『太陽と月と』の上映とトークライブを共催

＊2011年

3・11 「沖縄の人はごまかしとゆすりの名人だ」などとするケビン・メア米国務省日本部長に抗議声明を発表
4・4 設立50周年を迎え、アピール「沖縄でそして世界で人権の確立を」を発表
5・3 第46回・人権協会50年記念憲法講演会（徐勝「沖縄と朝鮮半島、台湾海峡を結ぶ平和のトライアングルをつくろう」、山田實・ビデオとトーク「復帰ヒストリー」）
7・10 「大江健三郎・岩波書店沖縄戦裁判」勝利報告集会
8・26 「八重山地区教科書採択問題に対する抗議声明」発表
11・28 田中聡沖縄防衛局長が「暴言」で沖縄県民を侮辱し、更迭へ
12・7 第48回総会・50周年記念講演（カルロス・デュラン「平和への権利」）

＊2012年

2・3 真部朗沖縄防衛局長による宜野湾市長選挙への組織介入に抗議し内部告発者探しの中止を求める声明を発表
2・23 沖縄戦での日本軍第32軍司令部壕跡（首里）に設置予定の説明板から、県の指示で「住民虐殺」「慰安婦」の言葉の削除が判明

（作成・山吉まゆみ）

◆——あとがき

一九六一年四月に沖縄人権協会が産声をあげて、二〇一一年で半世紀を経た。五〇周年の記念として活動の足跡をまとめて後世に残したいというのは、願望であるとともに社会的な責務と考えた。しかし単なる活動報告では堅苦しくなると危惧されたので、重大な事件や事故が多く発生してきたことを考え、戦後沖縄における人権史を柱にすえ、そこに私たちの活動報告も盛り込んで、「読まれる記念誌」を目ざして編集した。

沖縄人権協会では、一九六六年末に出した「人権擁護の歩み」第一号に始まり、数年おきに報告書を、また特別な節目に、たとえば「やまと世二〇年—検証沖縄の人権」（一九九一年）「設立四十周年記念—四十年の歩み」（二〇〇一年）という形で、活動報告を公刊してきた。

今回は、当協会の理事を中心に編集委員会をスタートさせた。今まで刊行した報告書の時期区分をベースに、私たちの扱ったいわゆる「提訴事件」に加え、社会的な耳目をひいた重大事件や動向をカバーし、戦後沖縄の人権史（正確には人権被侵害史というべきか）となるように討議を重ねて、委員が分担執筆した。

その過程で、用語や表現に関わる難題に出くわした。たとえばコザ「暴動」か「騒動」か、米兵による「女性暴行事件」か、それとも「レイプ事件」か、「日本（または祖国）復帰」か「施政権返還」か、などである。実態を正確に表現することに重点をおくべきか、マスコミなどで使われている表現を使うべきか、両者は必ずしも一致しないがゆえにジレンマは深まった。結局、各執筆者の判断に委ねた。

本書は、沖縄における二七年間の米軍統治と、それにつづく日本政府の人権政策に対する点検・評価書ともいえる。米国統治下で「沖縄を民主主義のショーウィンドー」にするという、米為政者の口癖とは裏腹に、実態は「人権侵害のショーウィンドー」ではなかったか。さらに沖縄が苦境からの脱出をめざして、あれほど渇望した平和と人権と国民主権を柱とする日本国憲法の恩恵は今も充分に届いておらず、日米両政府による基地優先政策のもとで、沖縄の犠牲はいつ果てるともなくつづいている。

軍事基地がある限り、それ自体が沖縄の人権と平和にとって最大の「脅威」であることを、私たちは学んできた。私たちの願いは人権協会などが不要となる社会である。本協会発足当初に事務局長を務め、以来一貫して活動をリードしてきた福地曠昭理事長には貴重な「生き証人」として巻頭言をお願いした。

二〇一一年一二月七日、私たちは五〇周年総会を開催した。スペインの国際人権法協会長のカルロス・ビヤン・デュラン氏らを迎え、「平和への権利」の記念講演が行われ、五〇周年に花を添えることができた。

実は「あとがき」をここで閉じる予定だったが、入稿後も沖縄では看過できない動きが続いた。第一に宜野湾市長選挙を前に、真部沖縄防衛局長が選挙区内在住の職員と家族のリストを作り「講話」を行った（私たちは「選挙への組織的介入に抗議し内部告発者探しの中止を求める声明」を出した）。第二に日米両政府は、従来から普天間基地移設とパッケージとしてきた計画から嘉手納以南の施設返還と一部海兵隊のグアム移転を先行させる合意をし、これと引き換えに辺野古移設か普天間固定化かの二者択一を迫る動きとなっている。第三に二月八日に辺野古アセスの県審査会答申が出され、「事業実施が重大な影響をもたらし、環境保全を不可能にする」としたことなど、今後も沖縄へ基地を押しつけようとする動きが予想される。

本書は、沖縄の人権状況を全国に発信することを考え、東京発として高文研より出版する。同社・山本邦彦氏の終始適切なアドバイスを受けながら、不慣れな執筆と編集の作業を続け、共同作業でゴールにこぎ着けることができた。末尾ながら心からの謝意を表するものである。

二〇一二年二月二〇日

編集委員会チーフ　中原　俊明

沖縄人権協会（おきなわじんけんきょうかい）
復帰前の沖縄は米軍統治下で憲法の空白状態におかれ、人権侵害が多発した。そんな中、憲法に保障された基本的人権が沖縄の人たちにも認められることを目的に、1961年４月に結成された。基地による被害や社会生活の複雑化の中で生起するさまざまな人権問題に取り組み、人権意識の啓発普及に努める。無料人権相談のほか人権問題に関する提言や調査、学習会、ブックレットなどの発行を行い、毎年５月３日には憲法講演会を共同開催している。
〒900-0022 那覇市樋川1-16-38 那覇第一法律事務所内
Tel 098-854-3381 Fax 098-854-3350

☆編集委員【50音順】
・新垣 安子（あらかき・やすこ 移民史研究家）
・今村 元義（いまむら・もとよし 群馬大学名誉教授）
・加藤 裕（かとう・ゆたか 弁護士）
・平良 修（たいら・おさむ 日本キリスト教団牧師）
・高良 鉄美（たから・てつみ 琉球大学法科大学院教授）
・中原 俊明（なかはら・としあき 琉球大学名誉教授）
・永吉 盛元（ながよし・せいげん 弁護士）
・福地 曠昭（ふくち・ひろあき 沖縄人権協会理事長）
・山吉 まゆみ（やまよし・まゆみ 沖縄人権協会事務局）
・若尾 典子（わかお・のりこ 佛教大学教授）

戦後沖縄の人権史・沖縄人権協会半世紀の歩み

●2012年４月４日――――――――第１刷発行

編著者／沖縄人権協会

発行所／株式会社 高 文 研
東京都千代田区猿楽町２－１－８（〒101-0064）
☎03-3295-3415 振替口座／00160-6-18956
ホームページ http://www.koubunken.co.jp

組版／Ｗｅｂ Ｄ（ウェブ ディー）
印刷 製本／シナノ印刷株式会社

ISBN978-4-87498-477-2 C0036